ROBERTA SCHIRA studierte Psychoanalytik
und ist als Food Critic bekannt.
Die italienische Bestsellerautorin
schreibt regelmäßig für den *Corriere della Sera*
und ihren Blog.

Besuchen Sie uns auf
www.penguin-verlag.de und Facebook.

Roberta Schira

Magic Kitchen

Wie die richtige Ordnung
in der Küche glücklich macht

aus dem Italienischen
von Sylvia Spatz

Die italienische Originalausgabe erschien 2016 unter dem Titel
»La Gioia del Riordino in Cucina« bei Vallardi, Milano.

Sollte diese Publikation Links auf Webseiten Dritter enthalten,
so übernehmen wir für deren Inhalte keine Haftung,
da wir uns diese nicht zu eigen machen, sondern lediglich
auf deren Stand zum Zeitpunkt der Erstveröffentlichung verweisen.

Verlagsgruppe Random House FSC® N001967

PENGUIN und das Penguin Logo sind Markenzeichen
von Penguin Books Limited und werden
hier unter Lizenz benutzt.

1. Auflage 2018
Copyright © 2016 by Roberta Schira
First published by Antonio Vallardi s. r. l. 2016
Copyright © der deutschsprachigen Ausgabe 2018 by
Penguin Verlag, München
in der Verlagsgruppe Random House GmbH,
Neumarkter Straße 28, 81673 München
Umschlag: Cornelia Niere, München
Umschlagmotiv: Shana Novak/Off Set by Shutterstock
Redaktion: Brigitte Lindecke
Satz: Uhl + Massopust, Aalen
Druck und Bindung: GGP Media GmbH, Pößneck
Printed in Germany
ISBN 978-3-328-10223-6
www.penguin-verlag.de

Dieses Buch ist auch als E-Book erhältlich.

Der liebste Platz auf dieser Welt
ist mir die Küche. Ganz gleich,
was sonst geschieht – in einer Küche,
an einem Ort, an dem man kochen kann,
da geht's mir gut.

Banana Yoshimoto, *Kitchen*

Inhalt

Zweiter Schritt:
Reinigung und Verhaltensprägung

Erster Schritt:
Motivation

Sie wollen Ihr Leben verändern?
Machen Sie den Anfang in der Küche

Als meine Mutter starb, war ich ein Jahr alt, und ich erinnere mich kaum noch an sie. Bis mein Vater erneut heiratete, kümmerte sich seine Mutter um mich. Meine Großmutter verbrachte fast den ganzen Tag in der Küche, und so wurde dieser Raum für mich zu einem Hort tiefer Geborgenheit.

Ich kauerte stundenlang auf einem Fußhocker aus Weidengeflecht und fühlte mich sicher und beschützt. Aus dieser Perspektive kam ich mit der Welt besser zurecht. Und während ich von meiner Großmutter nur die geschwollenen Fußgelenke in ausgetretenen Pantoffeln sehen konnte, wuchs mir dieser Ort immer mehr ans Herz. Ihre Stimme hatte stets etwas Strenges, so als dulde sie keinen Widerspruch. Etwa wenn sie mir mitteilte, was an einem durchschnittlichen Wochentag in Pavia, der Stadt, in der wir in Norditalien lebten, auf dem Programm stand: Markt, Botanischer Garten und zurück nach Hause, um die Minestrone aufzusetzen.

Schon damals kam ich mit einem ganz wesentlichen Aspekt unseres Lebens in Berührung: In allen Kulturen, in denen Nahrung mithilfe einer Feuerstelle vom rohen in einen gekochten Zustand überführt wird, braucht es einen Ort, an dem die Lebensmittel sowie das entsprechende Werkzeug für ihre Verarbeitung aufbewahrt werden. Wahrscheinlich hat sich schon vor Tausenden von Jahren eine meiner Vorfahrinnen die Frage gestellt, wie sie den Platz um die Feuerstelle nach dem Zubereiten der Mahlzeiten aufräumen soll, damit alles für das nächste Mahl parat ist. Auch für mich ist die Küche der Lebensmittelpunkt. Selbstverständlich kann in Städten, wo das Essen seit jeher auch außerhalb der eigenen vier Wände stattfinden kann, eine Küche auch einfach aus einer schlichten Kochstelle und zwei Regalen bestehen.

Die Küche als Raum ist von Psychologen, Philosophen und Historikern betrachtet worden. Sie sahen in ihr alles, vom Uterus und dem Ort der weiblichen Herrschaft bis hin zu dem Bereich des Hauses, in dem geschnitten, zerteilt, weichgeklopft und zerkleinert wird. In primitiven Gesellschaften hatte die Küche sogar sakrale Bedeutung.

Ich persönlich sehe die Küche als Ort, an dem die vier Elemente – Wasser, Erde, Luft und Feuer – zu Hause sind. In diesem Buch werden wir uns daher auch damit beschäftigen, wie man durch die richtige Ordnung die Harmonie zwischen diesen Elementen und sich selbst wiederherstellen kann. Denn die Küche ist ein Ort der Geselligkeit, aber eben auch ein Ort der Wandlungen. Zutaten werden hier in Gerichte verwandelt, Rohes in Gekochtes und so weiter. Und genau deshalb ist die Küche meiner Meinung nach wie kein anderer Raum geeignet, um Veränderungen aller Art in Gang zu setzen. All das hat mich dazu angeregt, darüber nachzudenken, wie die Menschen Lebensmittel ordnen, und daraus ist eine Methode für die Organisation von Vorräten entstanden.

Man mag die Küche meiden, ihre Existenz einfach hinnehmen oder vollkommen in ihr aufgehen, doch niemand kann ohne das leben, was hier stattfindet: Rohes wird in Gekochtes verwandelt, Kaltes in Heißes, Zähes wird ebenso verzehrbar gemacht wie Blutendes. Die Küche ist jedoch innerhalb des Hauses auch der einzige Raum, in dem Gewalt gleichsam zelebriert wird. Nur hier werden Fleisch und Blut weiterverarbeitet, nur hier begegnen wir dem Tod, nur hier wird mit Messern hantiert und das Feuer gezähmt. In der Küche wird das Naturprodukt in etwas kulturell Akzeptiertes verwandelt, auch wenn Rohkostliebhaber nicht unbedingt einen Herd benötigen. Kochen, das Zerteilen von Speisen und ihr Verzehr in Gemeinschaft sprechen all unsere Sinne an. Immer ist Essen Nahrung für Körper und Seele zugleich, und es findet oft an jenem Ort statt, an dem es zubereitet wurde: in der Küche.

Doch wie entstand die Küche eigentlich? Lassen Sie uns einen kurzen Ausflug in die Geschichte unternehmen. Im Italien und Rom der Antike war die Küche nicht mehr als eine Feuerstelle im Atrium, wo der Rauch durch eine Öffnung im Dach entwich. Im Römischen Reich bestand die Feuerstelle oft nur aus einem gemauerten und mit Ziegeln verkleideten Tisch, der an einer Wand stand. Daneben befand sich vielleicht noch eine Mauernische, in der man Speisen aufbewahren konnte und durch die man zumindest eine rudimentäre Ordnung herstellen konnte.

In Mittelalter und Renaissance wandelte sich die Küche. Das gemeine Volk lebte um einen großen Kamin versammelt, und oft gab es nur diesen einen Raum, in dem sich die Menschen tagsüber aufhielten und nachts schliefen. Ganz anders sahen die Küchen der Adeligen in den Klöstern, Schlössern und Burgen aus. Sie waren geräumig und mit einem riesigen Kamin ausgestattet. Doch nach und nach verschwanden diese prunkvollen Küchen aus dem Leben der Menschen, und bald wurde die Küche eher zum Hinterzimmer, in dem die Bediensteten schufteten, während die feine Gesellschaft an den prächtigen Tafeln der Renaissance speiste und dabei die eigentlichen Küchen nie zu Gesicht bekam. Mit Beginn der Moderne und teilweise noch bis in unsere heutige Zeit trat die Doppelfunktion der Küche, in der gleichzeitig auch gegessen wird, zwar wieder zutage, doch in der Regel ist es so: Je höher die gesellschaftliche Schicht, desto weiter liegt die Küche vom Wohnzimmer entfernt. Laut Bartolomeo Scappi, im 16. Jahrhundert berühmter Koch im Vatikan, sollte die Küche übrigens so weit wie möglich vom »Publikum« entfernt liegen, da sie für Gäste ein gefahrvoller Ort sei und man außerdem die angrenzenden Gemächer nicht mit dem Lärm belästigen dürfe.

Ich muss immer noch lächeln, wenn ich an die sarkastische Bemerkung meiner Großmutter über das überhebliche Getue heutiger Köche denke: »Sollen sie doch hingehen, wo sie hingehören, in die Küche zum Personal.« Was hätte sie wohl dazu gesagt, dass mittlerweile einige von ihnen mit ihrer Kochkunst unsere Welt ein klein wenig besser machen?

Typisch für weniger betuchte Menschen im heutigen Italien, vor allem auf dem Land, ist, dass sich große Teile des Lebens auch in der Küche abspielen. Dort ist die Hausfrau mit Bügeln und Flicken beschäftigt, während auf dem Herd die Suppe fröhlich vor sich hin brodelt und die Kinder am Küchentisch ihre Hausaufgaben machen. Die Küche ist der wärmste Raum im Haus, und am Samstag wurde dort vor noch nicht allzu langer Zeit ein Bottich zum Waschen der Wäsche aufgestellt, in dem anschließend die ganze Familie badete.

Diese Art der Wohnküche hat etwas sehr Lebendiges: Sie ist erfüllt vom Rascheln der Bügelwäsche, dem Schnarchen des Großvaters, der auf dem Sofa eingenickt ist, und den fröhlichen Stimmen der Kinder. In dieser Küche herrscht nur mitten in der Nacht für wenige Stunden Ruhe, dann geht schon wieder die Sonne auf, und jemand schlüpft aus dem warmen Bett, um für alle Bewohner des Hauses das Frühstück zuzubereiten. In traditionellen Haushalten ist das normalerweise die Ehefrau und Mutter, die in ihrem nach frischem Kaffee duftenden Reich den

Herrn des Hauses umsorgt, bevor dieser sich zur Arbeit begibt. Mir ist bewusst, dass feministisch orientierte Leserinnen (und bin ich selbst nicht eine von ihnen?) jetzt die Nase rümpfen werden. Aber so war es doch lange Zeit. Und so ist es noch heute, sobald man die Großstädte hinter sich lässt oder sich in den Süden Italiens begibt. Meine Kinder, mein Ehemann und mein Schwiegervater sagten einmal zu mir: »Wir möchten nicht, dass du morgens so früh aufstehst, um für uns alle das Frühstück zu machen, wir übernehmen das von nun an abwechselnd.« Mit dem Ergebnis, dass schon bald kein Mitglied unserer Familie mehr zu Hause frühstückte. Der Anblick meiner verwaisten Küche am Morgen bedrückte mich so sehr, dass ich schließlich doch wieder früh aufstand, um das Frühstück für alle zu bereiten.

Sklavin oder Herrscherin über die Küche? Heutzutage ist die Küche für viele Frauen nicht mehr der heimische Herd, an den gefesselt sie ihr Sklavendasein fristen müssen. In der Küche der Gegenwart spielt sich das Leben ab, sie wird benutzt und verschmutzt, dort finden die Mahlzeiten statt. Sie ist wieder zum Mittelpunkt des häuslichen Lebens geworden. Vor lauter Modernisierung werden Küchen heutzutage jedoch auch schnell zu sterilen Hightechorten. Denn längst hat die Küche Uhren und Autos als Statussymbol abgelöst und ist zum Vorzeigeraum des Hauses geworden: Stolz führt man seinen sechsflammigen Induktionsherd vor, den Schockfroster und das ferngesteuerte Supergerät zum Backen/Entsaften/Mixen. Und um die schicke Küche dann zu schonen, isst man auswärts in Restaurants. Menschen, die sich wenig aus solchen Vorzeigeobjekten machen, tendieren dagegen zum anderen Extrem: der Kochnische. Hier verstecken sich meist ein paar Töpfe hinter einer Stahlwand im loftartigen Wohnzimmer. Aus den Augen, aus dem Sinn.

In diesem Buch bewegen wir uns irgendwo dazwischen. Wir besitzen eine Küche, die unsere Bedürfnisse erfüllt und mehr oder weniger aufgeräumt ist. Das kann eine Hochglanzküche sein oder eine, die schon ein paar Kratzer abgekriegt hat, vielleicht ist sie neu, vielleicht haben wir sie geerbt; vielleicht ist sie ungemütlich und wenig funktional. Oder feucht und dunkel, billig und schäbig oder lichtdurchflutet und luxuriös. Es gibt so viele Küchen, wie es Menschen gibt.

Super, denken Sie vielleicht an dieser Stelle, jetzt habe ich einiges über die symbolischen, anthropologischen und historischen Aspekte von Küchen erfahren. Aber jede(r) von uns schlägt sich mit der harten Realität seiner eigenen Küche herum.

Spätestens am Samstagnachmittag nach dem wöchentlichen Großeinkauf ist oft der ganze Raum mit Unmengen an Lebensmitteln vollgestellt, die alle für die kommende Woche aufbewahrt und verstaut sein wollen, damit die hungrigen Teenager im Haus etwas zu essen haben …

Ganz zu schweigen von den Launen der Elfjährigen, die Bananenschalen in der Besteckschublade versteckt.

Oder dem Opa, der hinter jedem Stückchen Schokolade her ist und der die Reste am liebsten ganz oben im Regal bunkert, wo sie mit den ersten Frühlingsstrahlen dahinschmelzen.

Oder von der despotischen Mama, die niemand an ihren Herd lässt.

Oder vom neurotischen Lebensgefährten, der hysterisch wird, wenn der Topflappen nicht exakt am gewohnten Platz liegt.

Warum Ordnung schaffen?
Einige kurze Beispiele;
was man spart;
das Saubermachen

Das ist ja alles schön und gut, aber... Sie haben ja keine Ahnung, werden Sie sagen, Sie kennen meine Mitbewohnerin nicht oder meinen pingeligen Freund, der sich schon aufregt, wenn ich einen Teelöffel neben der Spüle ablege, Sie kennen den Typen in meiner WG nicht, der von mir verlangt, dass ich den Müll erst einzeln verpacke, bevor ich ihn getrennt entsorge... Sie machen sich ja keine Vorstellung, was es bedeutet, mit einem Neurotiker zusammenzuleben, der die Küche am liebsten sofort desinfizieren würde, wenn man sich nach einem Theaterbesuch noch einen Toast macht. Wie gesagt, das ist ja alles schön und gut, aber, liebe Buchautorin, das Leben in einer Durchschnittsküche ist wirklich oft nicht leicht.

Stimmt, liebe Leser(innen), ich verstehe Sie voll und ganz, und genau aus diesem Grund habe ich dieses Buch geschrieben. Die ersten Seiten sollten Sie schon einmal mental aufs Aufräumen einstimmen. Im nächsten Schritt zeige ich Ihnen dann anhand einer Reihe von praktischen Ratschlägen, die nach ein paar kleinen Vorbereitungen ganz leicht umzusetzen sind, wie man Ordnung schafft. Doch ohne ein paar Vorbereitungen werden wir in der Küche niemals das Ruder übernehmen und ihren magischen Kräften weiterhin hilflos ausgeliefert sein.

Und hier ist auch schon das oberste, unverzichtbare, generelle Gebot für dauerhafte Ordnung in der Küche. Die goldene Regel, die Quintessenz aller Überlegungen, wie man diesen Raum in den Griff bekommt. Lässt man dieses Gebot außer Acht, sind alle Versuche, Ordnung zu schaffen, zum Scheitern verurteilt. Es ist so banal und simpel wie alle großen Gebote.

In der Küche hat nur eine(r) das Sagen

Das Befolgen dieser Regel ist die Grundvoraussetzung für einen guten Start. Der Küchenboss kann die Mama sein, der Opa oder ein WG-Mitbewohner, und es liegt nahe, dass der- oder diejenige auch den Raum innerhalb der Küche organisiert, Aufgaben und Rollen verteilt und eine Hierarchie schafft. Der Boss muss nicht zwangsläufig auch der- oder diejenige sein, der am Herd steht, auch wenn das einiges erleichtert. Doch es muss jemanden geben, der das Sagen hat, der weiß, wie man den verfügbaren Raum organisiert und der in der Lage ist, diese Ordnung aufrechtzuerhalten.

Dass es nicht mehr als einen Boss geben darf, bestätigt uns nicht zuletzt die Realität in den Sterne-Restaurants in aller Welt. Dort herrschen eine undurchlässige Hierarchie, klare Aufgabenverteilung und unnachgiebige Strenge gegenüber allen Versuchen, die Ordnung zu unterlaufen oder Kompetenzen zu überschreiten. Boss zu sein, heißt natürlich nicht, die Familienmitglieder zu bevormunden und zu tyrannisieren, sondern diese Rolle mit demokratisch legitimierter Autorität auszufüllen. Ein unumstrittener Boss und Untergebene, die mit ihm an einem Strang ziehen: Das ist das Geheimnis einer perfekten Küche.

Doch das Ordnen der Küche folgt nicht nur dem gesunden Menschenverstand, und auch nicht nur irgendwelchen Regeln, wie man aufräumt und putzt, damit Chaos und Dreck ein Ende haben. In der Küche Ordnung zu schaffen, ist ein entscheidender Schritt zur persönlichen Weiterentwicklung und zielt auf ein verbessertes Verhältnis zu Lebensmitteln und zu allen, die sich mit uns in der Küche aufhalten. Ich bin überzeugt, dass ein schrittweises und systematisches Ordnen der Küche Hand in Hand geht mit persönlicher Veränderung und Weiterentwicklung. Essstörungen verschwinden, man ist plötzlich in der Lage, mit der Vergangenheit abzuschließen, und begreift, wo man sich am liebsten aufhält – am Tisch, bis das Essen aufgetragen wird, oder mit Pfannen und Töpfen hantierend, am Herd? Je gestörter das Verhältnis der Küchenbewohner zu Lebensmitteln ist, desto dringender sind radikale Veränderungen angesagt, die sich wiederum positiv auswirken. Es ist kein Zufall, dass im Titel der italienischen Ausgabe dieses Buches das Wort »gioia«, »Freude«, vorkommt. Sein etymologischer Ursprung ist das Sanskritwort »yuj«, aus dem sich das Wort »Yoga« ableitet − die Verschmelzung des Individuums mit dem universalen Geist. Die Freude, die man in einer oft und gern genutzten Küche empfindet, die aufgeräumt ist und unsere Persönlichkeit ausdrückt, spiegelt in gewisser Hinsicht die Verbindung zwischen Himmel und Mensch wider sowie zwischen den Menschen untereinander. Es ist eine transzendentale Dimension von Freude, die mit der Zeit verloren gegangen ist, vor allem in der abendländischen Kultur. Andere Bereiche des Hauses in Ordnung zu bringen, beschert einem meiner Meinung nach nicht die gleiche Freude wie eine aufgeräumte Küche, in der man sich gerne aufhält. Denn nur dort kann man sein Glück mit Familie und Freunden teilen. Wie eine große Torte. Und zwar nicht, weil dort Lebensmittel zu Speisen verarbeitet werden, sondern weil man diese Speisen mit anderen teilt. Freude, die auf diese Weise in der Küche entsteht, erfasst nicht nur uns selbst, sondern ist an den Gesichtern aller abzulesen, die diesen Raum betreten.

In Ihrer aufgeräumten, ordentlichen Küche mit individueller Note wird Ihnen das Herz aufgehen. Denn im Unterschied zu anderen Räumen wie dem Schlafzimmer oder vielleicht auch dem Bad, werden Sie die Küche dann gerne mit allen Ihren Mitbewohnern teilen. Dank der Ordnung, die Sie dort nach meiner Methode geschaffen haben.

In einer Küche herrscht dann Ordnung,
wenn sie für den funktioniert,
der dort das Sagen hat

Meine Methode, Ordnung zu schaffen, ist nicht in Stein gemeißelt, sondern lässt ausreichend Raum für Individualismus. Wichtig ist nur, dass Sie sich an ein paar Grundregeln halten.

Seit ich von Berufs wegen über Esskultur schreibe und als Gastronomiekritikerin Restaurants besuche, vergeht kein Tag, an dem ich nicht eine fremde Küche in Augenschein nehme und auf diese Weise mitbekomme, wie individuell das Verhältnis der Menschen zu diesem Raum ist. Ich habe sehr unterschiedliche Haltungen beobachtet, aus denen sich zwei Extreme herauskristallisieren: Während die einen es gar nicht erwarten können, ihre Küche zu präsentieren, würden einen die anderen am liebsten daraus fernhalten.

Es kommt recht häufig vor, dass eine Freundin oder Bekannte mich voll banger Vorfreude bittet, ihre Küche zu inspizieren. Meine Gastgeber wären sicher zurückhaltender, wenn sie ahnten, dass sie mir damit mehr offenbaren, als wenn sie mich einladen würden, ihr Bad oder Schlafzimmer in Augenschein zu nehmen. Doch die meisten agieren völlig arglos. »Komm mich doch mal besuchen, dann zeige ich dir meine Küche«, werde ich von einer neuen Bekannten eingeladen, die ich gerade in einer Bar kennengelernt habe. »Kommen Sie, ich zeige Ihnen die Küche«, bittet mich der junge Hobbykoch, selig über die neu gefundene Freizeitbeschäftigung. Ebenso die unerfahrene Ehefrau, der WG-Bewohner, der gerade das Kochen lernt, und der Single, dem es endlich gelungen ist, sich von zu Hause abzunabeln, und der jetzt eine Einzimmerwohnung mit Kochnische bewohnt.

Für die zweite Gruppe dagegen ist die Küche ein extrem intimer Bereich. Sie ist so privat, dass man kaum einen Fuß über die Schwelle setzen darf – entweder weil peinliches Chaos herrscht oder weil die Küche so makellos und unbenutzt ist wie ein heiliger Schrein und man als Bakterienträger und Störenfried empfunden wird. Womöglich kommt man noch auf die Idee, um ein Glas Wasser zu bitten! Ich muss zugeben, dass ich bei manchen Leuten, die mir ihre Küche nur ungern zeigen wollten, meine Rolle als Gastronomiekritikerin ausgespielt und mir mit sanfter Gewalt Zugang verschafft habe.

Interessanterweise klagt von denjenigen, die mir ihre Küche bereitwillig vorführen, so gut wie niemand über einen Mangel an Organisation und Ordnung. Die wenigsten Menschen machen sich Gedanken über mangelnde Funktionalität, die ihnen das Leben erschwert. So etwas wird

ihnen erst nach und nach bewusst, und irgendwann gestehen sie sich betreten ein, dass man
den Raum tatsächlich besser nutzen könnte. Gerade Hausfrauen, die einen guten Teil des Tages
in der Küche verbringen, widersetzen sich am
hartnäckigsten jeder Veränderung. Sie wollen
an ihrer Machtposition festhalten, denn für sie
ist die Küche (oft) der einzige Bereich, über den
sie absolute Kontrolle haben. Einmischung von
außen oder Veränderungsvorschläge werden ve-
hement abgewehrt. Dabei können die meisten
von ihnen hervorragend organisieren, und ich
habe von ihnen viele Tricks gelernt. Doch nach
dem ersten Austausch von Höflichkeiten ent-
decke ich dennoch oft, dass es mit ihrer Küche
nicht zum Besten steht. In den meisten Fällen
sind es Familienmitglieder, die darauf zu sprechen kommen.

Und schließlich gibt es noch eine dritte Gruppe:
die Verzweifelten. Sie kennen ihr Chaos und bringen es offen zur Sprache. Sie haben jede Kontrolle
über die Küche verloren.

Probleme erkennt man an der Küche

»Oder am Schlafzimmer«, mag der eine oder andere hinzufügen. Da kann ich nur beipflichten: Sowohl unsere Beziehung zum Essen als auch die zum Sex sind Lieblingsthemen der Psychoanalyse. Im Augenblick aber soll uns nur die Küche interessieren. Mit der obigen These will ich vor allem dazu anregen, erst einmal das eigene Verhältnis zum Essen zu klären, bevor man die Küche umkrempelt. Umgekehrt gilt aber auch: Es kann durchaus sein, dass erst beim Aufräumen offene Rechnungen in puncto Nahrung und Ernährung ans Tageslicht kommen. Es gibt Phasen im Leben, da verwandelt sich der Raum der Gaumenfreuden in ein Horrorkabinett. Und wenn man irgendwo Ordnung schafft, geht es niemals nur ums Aufräumen von Gegenständen. Somit sollte man auf unangenehme Überraschungen gefasst sein. Oder auch auf angenehme. Dieses Buch wird nicht Ihre seelischen Probleme lösen, Ihnen aber – vielleicht – dabei helfen herauszufinden, wo der Schuh drückt. Von einer Tatsache jedoch bin ich fest überzeugt und deshalb habe ich dieses Buch geschrieben: Wenn Sie Ihre Küche richtig auf Vordermann bringen, wird sich Ihr Verhältnis zu den Menschen, die mit ihnen wohnen und leben, merklich verbessern.

Während in mir der Wunsch heranreifte, meine Erfahrungen als Restaurantkritikerin und Foodexpertin in eine Methode zum Aufräumen umzuwandeln, wurde mir klar, dass ich nicht ohne Typen und Beispiele auskommen würde. Ich wollte herausfinden, ob die Methode, die ich selbst viele Jahre lang quasi unbewusst angewendet habe, auch für andere taugt. Für jemanden, der sich selbst für wenig konventionell hält und außerdem über eine psychologische Ausbildung verfügt, habe ich ziemlich oft zu hören bekommen: »Du liebst Regeln über alles, Roberta.« Und es stimmt, in vielen meiner Ratgeber geht es genau darum – von der richtigen Zubereitung von Innereien über Tischmanieren bis zu meinem letzten Buch über die Grundregeln guter Küche. Ich bin kein besonders ordentlicher Mensch, doch wenn ich mich mit einem Thema beschäftige, habe ich offenbar das Bedürfnis, zu ordnen, zu definieren und meine jeweilige

These gründlich zu belegen. In diesem Buch ist die These klar: Indem wir unsere Küche in Ordnung bringen, tragen wir dazu bei, unser Verhältnis zur Nahrung und zu unseren Mitmenschen zu verbessern. Am Ende erfüllt uns tiefe Freude. Hier einige Erfahrungen aus der Praxis.

Laura ist vierzehn und zum ersten Mal verliebt. Ihr Freund besucht sie zu Hause, wo sie zusammen lernen – und zwar in der Küche, denn Laura teilt ihr Zimmer mit einem jüngeren Bruder. Mama Virginia ist über den »Eindringling« nicht gerade erfreut, denn im Laufe des Nachmittags will Laura zur Abwechslung gerne ein paar Kekse oder einen Kuchen backen oder wenigstens eine heiße Schokolade zubereiten, und das bringt die Mutter mit ihrem Bedürfnis nach Ordnung schwer in Bedrängnis. Die Folge sind ständige Streitereien, laute Auseinandersetzungen, und bei Laura staut sich die Wut an. Sie wird später vermutlich einmal Probleme haben, in ihrer eigenen Küche das Kommando zu übernehmen, denn sie hat diese Rolle niemals ausprobieren dürfen und in der Küche nichts als Frust erlebt. Ein guter Boss darf niemals wie Lauras

Mutter reagieren, und Ermahnungen wie »Rühr mir bloß keine Töpfe und Lebensmittel an, das hier ist mein Reich« oder »Du bringst mir nur alles durcheinander, lass mal, ich back dir deine Kekse« sind völlig kontraproduktiv. Besser wäre beispielsweise zu sagen: »Nach dem Abendessen überlasse ich dir die Küche, damit du für morgen deine Kekse backen kannst, aber du musst hinterher alles sauber machen und aufräumen.« Tatsächlich gelang es mir, die Mutter dazu zu bringen, ihre Haltung zu ändern. Ihren Freund hat Laura mittlerweile nicht mehr, aber der Familienfrieden ist wiederhergestellt, und Lauras schulische Leistungen haben sich deutlich verbessert.

Hier ein anderes Beispiel:

Während der Arbeit an meinem Buch *Cucinoterapia* (*Küchentherapie*) habe ich mitverfolgt, wie sich eine junge Frau namens Sara von ihrer Magersucht erholte. Neben den Sitzungen mit ihrem Therapeuten half es ihr sehr, für Familie und Freunde zu backen. Ohne ins Detail gehen zu wollen, ist mir die Antwort der Mutter im Ohr geblieben, als ich mich nach Sara erkundigte: »Es war ein Auf und Ab, aber seitdem wir sie in Absprache mit der Psychologin gebeten haben, die Organisation der Speisekammer zu übernehmen, geht es ihr deutlich besser. Erinnern Sie sich noch, als Sara die Küche nicht einmal betreten wollte? Dann hat sie erst angefangen zu kochen und sich später auch um den Einkauf gekümmert. Mittlerweile ist sie auf dem Weg der Besserung.«

Oder dieser Fall: Tommaso wünschte sich nichts mehr, als dass seine Frau ihn mit gedecktem Tisch erwartete, wenn er abends von der Arbeit kam. Aber auch mit einem Rollentausch wäre er einverstanden gewesen und hätte Ornella gerne mit einem tollen, selbst kreierten Cocktail überrascht. Doch könnte er davon nur träumen: Ornella weigerte sich, das Porzellan ihrer Mutter zu entsorgen, die kurz zuvor gestorben war. Und somit hatte sich der in der Küche verfügbare Raum auf ein Minimum reduziert. Ich musste Ornella gut zureden, um sie davon zu überzeugen, dass sie ihre Ehe strapazierte, wenn sie weiterhin die halbe Küche belegt hielt. Ich bat sie, an einem Tag ihrer Wahl den Raum zu fotografieren (das mache ich in den

Vorbereitungsphasen vor dem eigentlichen Aufräumen oft bei den Leuten, die mich um Rat fragen). Ein Foto zu betrachten – das hilft übrigens
auch bei Problemen mit Übergewicht –, bringt
einen ruck, zuck und ziemlich heilsam auf den
Boden der Tatsachen zurück. Uns stachen die
Kisten neben dem Kühlschrank ins Auge, ebenso
wie die überladenen Besteckschubladen und die
Hängeschränke, deren Türen sich vor lauter Tellern nicht mehr schließen ließen. Bis zu diesem
Augenblick hatte sich Ornella in ihrer Trauer
und Angst innerlich nicht bereit gefühlt, sich
von all diesen Dingen zu befreien. Als ihr nun
klar wurde, was aus ihrer einstigen Traumküche
geworden war, weinte sie sich erst einmal richtig
aus und machte sich dann ans Werk. »Mir war
das gar nicht bewusst, aber nach dem Tod meiner Mutter habe ich alle ihre Sachen hierherge-
bracht. Weil ich über ihren Verlust nicht hinweg-
kam, habe ich in meiner Küche Lebensmittel und
alle möglichen Sachen gehortet. Meine Mutter
war übrigens eine hervorragende Köchin. Um
ein Haar hätte ich meine Ehe aufs Spiel gesetzt.«
Die Geschichte endet zwar nicht wie im Mär-

chen – und von da an lebten sie glücklich und zufrieden –, aber innerhalb eines Vierteljahrs hat Ornella gelernt, ihre Küche nicht mehr als Hort für Erinnerungen und Ort des Andenkens an ihre verstorbene Mutter zu nutzen, sondern als Raum für Geselligkeit und Gemeinschaft mit Freunden und ihrem Mann.

Mit diesem Fall möchte ich Ihnen ein relativ verbreitetes Verhalten demonstrieren, dem wir in der Küche oft begegnen und das es ungeheuer schwierig macht, Ordnung zu schaffen. Nicht wenige Menschen leiden unter einer fast krankhaften Sammelwut und häufen so viele Dinge an, dass sie sich in ihren vier Wänden kaum noch rühren können. Oft sind diese Menschen intelligent und lebenslustig – auch Andy Warhol war ein Sammler –, und nicht immer nimmt die Sammelwut krankhafte Züge an. Gesammelt werden Gegenstände, Kleider, stapelweise Papiere, seltener Lebensmittel. Die meisten Leute, die zu viel Essen einkaufen, leiden oft auch bei Küchenutensilien – Zubehör, Töpfe und Nippes – unter Kaufzwang. Innerhalb kürzester Zeit ist die Küche so vollgestellt, dass sie praktisch unbenutzbar wird. Ich habe auch schon Haushalte gesehen, in denen es überall ziemlich aufgeräumt war, nur eben in der Küche nicht.

Jeder kennt das – sobald man über Symptome von krankhaftem Verhalten liest, erkennt man sich plötzlich wieder. Aber keine Sorge: Eine vollgestellte Küche macht noch keinen krankhaften Sammler. Die meisten von uns sind dem Konsum ein Stück weit verfallen und kaufen mehr ein, als sie brauchen. Besorgniserregend wird Sammeln erst dann, wenn wir nicht mehr in der Lage sind, uns von etwas zu trennen.

Übertriebener Sammelleidenschaft liegt fast immer ein Trauma zugrunde, Liebesverlust, eine gescheiterte Ehe, schlimme Kindheitserlebnisse. Die entstandene Leere lässt sich auf vielerlei Arten füllen. Die Küche bis in den letzten Winkel vollzustellen, ist eine davon und recht verbreitet. Mehr als einmal habe ich Küchen gesehen, die eigentlich ein Hilfeschrei der Seele waren. Pathologische Sammler dagegen lassen meist niemanden mehr in ihre Wohnung, aber ich kann und will mit meinem Buch keine Therapieansätze liefern. Dass sich allerdings in vielen Küchen eine

Sammelwut an der Grenze zum Krankhaften ausdrückt, habe ich mit eigenen Augen gesehen.

Daneben gibt es natürlich auch den Fall, dass jemand schlicht faul ist oder sich generell mit Ordnung schwertut. Auch hier haben meine Ratschläge weitergeholfen, und die positiven Auswirkungen des Aufräumens haben nicht lange auf sich warten lassen.

Vor allem zwei ganz praktische Folgen sind sofort spürbar: Geldersparnis und mehr Sauberkeit.

Viele Jahre lange habe ich beschämend viele Lebensmittel weggeworfen, weil ihr Mindesthaltbarkeitsdatum abgelaufen war. Damals war meine Methode noch nicht ausgereift, vor allem aber war mir noch nicht bewusst, wie positiv sich Ordnung in der Küche auch auf mein Leben auswirken würde. Ich kaufte nicht nur zu viel Essen ein, sondern oft auch Zubehör oder Lebensmittel, die ich bereits besaß beziehungsweise vorrätig hatte. Das galt vor allem für Krimskrams wie Scheuerschwämme, Untersetzer oder Ersatzkorken oder Zutaten wie Tütchen mit Safran, Trockenhefe oder Gewürze aller Art. Wenn ich gerade etwas brauchte, suchte ich oft vergeblich danach und kaufte es neu. Das ging so lange so, bis mir eines Tages klar wurde, dass ich mit diesen Doppelkäufen meine Küche vollstopfte und immer wieder etwas wegwerfen musste, weil es abgelaufen war. Und das alles nur, weil ich meine Vorräte nicht nach klaren Kriterien organisiert hatte.

Wie man das in den Griff bekommt? Dazu verrate ich Ihnen gleich einen Trick. Er steht ganz oben auf unserer To-do-Liste in Schritt eins des Aufräumens.

Reinigen: Erst geistigen Ballast abwerfen, dann aufräumen

Eine aufgeräumte Küche lässt sich leichter sauber halten. Je weniger Dinge herumstehen, desto besser kommt man in all die Ecken und Winkel der Schränke und Arbeitsflächen, der Regale und Schubladen, die man vorher leicht übersehen hat. Das gilt natürlich auch für den Vorratsschrank, die Hängeschränke und den Kühlschrank.

Das Motto lautet: weniger Essen und Zubehör einkaufen = mehr Platz = leichteres Putzen.

Aufräumen hat einen praktischen und funktionalen Nutzen – aber darüber hinaus tun Sie auch Ihrer Seele etwas Gutes. Nicht nur, dass Sie Geld sparen und die Küche sauber ist: Putzen hat noch eine ganz andere Dimension. Ich will mich hier nicht mit dem Thema Hausputz im Allgemeinen beschäftigen (ich habe wenig Ahnung von Putzen und Haushaltsführung und bin, was die anderen Räume des Hauses angeht, nicht gerade eine Meisterin der Ordnung), aber das Großreinemachen in der Küche nach meiner Methode eignet sich hervorragend, um im wahrsten Sinn des Wortes mit alten Gewohnheiten, Vorurteilen und eingefahrenen Angewohnheiten aufzuräumen. Sie machen nie oder so gut wie nie einen Großputz? In der Küche sollten Sie das auf jeden Fall mehrmals im Jahr tun. Nach meiner zweiten Scheidung habe ich als Erstes meine komplette Wohnung streichen lassen. Ohne mir dessen bewusst zu sein, war das meine

Art, neu anzufangen und einen Schlussstrich unter die Vergangenheit zu ziehen. Zu sagen, das war eine schöne Zeit, aber jetzt schlage ich im Buch des Lebens eine neue Seite auf. Wenn Sie also ernst machen wollen mit einer neuen Ordnung in der Küche, dann sollten Sie gleich eine Putzaktion starten. Und zwar in dem Bewusstsein, dass Sie sich damit nicht nur von Bakterien und Schmutz befreien, sondern den Grundstein legen für ein völlig neues Verhältnis zu Ihrer Küche.

Das Putzen ist wie alles rund ums Thema Aufräumen nicht nur reiner Selbstzweck, sondern zugleich eine Reinigung von Geist und Seele und Grundvoraussetzung für Veränderung. Holen Sie zunächst alles hervor, was sich in ihrer Küche versteckt hält, und verpassen Sie den Wänden einen frischen Anstrich – das sind die ersten Schritte zu einer neuen Ordnung.

Nach den Wänden sind die Regale und Schränke dran. Ich wiederhole: Wie Sie das machen, bleibt Ihnen überlassen, ich will Ihnen lediglich meine Erfahrungen weitergeben und Vorschläge machen. Zum Putzen empfehle ich

Ihnen einen selbst hergestellten, biologisch abbaubaren Reiniger, dem Sie noch ein paar Tropfen Ihrer Lieblingsduftessenz zufügen können. Ich benutze immer Lavendelextrakt, aber auch Teebaumöl ist sehr gut, weil es zugleich keimtötend wirkt. Hier ein Rezept, das ich mir bei zwei Kolleginnen abgeschaut habe:

zwei Gläser Wasser
ein halber Esslöffel handelsübliches
Spülmittel
ein Esslöffel Natriumbikarbonat
zwei Esslöffel Weinessig
zwei Tropfen Lavendelöl

Die Duftessenz können Sie je nach Laune und Jahreszeit variieren, aber sie ist wichtig, um Ihrer Küche eine individuelle und unverwechselbare Note zu geben.

Verrühren Sie die Zutaten in einem Gefäß und füllen Sie den Reiniger in einen Sprühbehälter um. Bewahren Sie ihn aber bitte nicht länger als eine Woche auf. Schütteln Sie die Lösung vor Gebrauch kräftig durch und machen Sie sich an Ihren Küchengroßputz: Beseitigen Sie dabei auch gleichzeitig alle negativen Gedanken, die sich mit der Zeit angesammelt haben.

Ordnungsfimmel oder Chaos?
Mediterrane Küche oder Zen?

Wenn sich zu viel angehäuft hat und man Ordnung schaffen muss, muss anschließend nicht zwingend gähnende Leere herrschen. Die abendländische, vor allem aber die mediterrane Vorstellung von Ordnung bedeutet nicht, dass man viel leeren Raum lässt, wie etwa in asiatischen Ländern. Wie viel Fläche ungenutzt bleibt, hängt von den individuellen Vorlieben ab. Umgekehrt sind leere Regale und nackte Wände allein noch lange kein Indiz für Ordnung.

Während aus der Leidenschaft für meine Arbeit allmählich ein Beruf wurde, lernte ich nach und nach, meine Küche richtig zu organisieren, und das Chaos nahm entsprechend ab. Als erfreuliche Nebenerscheinung entwickelte ich ein besseres Verhältnis zum Essen im Allgemeinen. Als das Buch *Magic Cleaning: Wie richtiges Aufräumen Ihr Leben verändert* von Marie Kondo erschien, vermittelte ich meine Aufräummethode für die Küche schon seit einer ganzen Weile all jenen, die bei mir Rat suchten, nur war mir nie bewusst gewesen, dass es sich um eine fundierte Theorie handelte. Als ich Marie Kondos Ratgeber las, wurde mir klar, dass unsere Ansätze vieles gemeinsam haben, jedoch mit einem grundlegenden Unterschied: Kondo handelt die Küche nebenbei ab, während für mich Veränderung genau dort beginnt.

In den eigenen vier Wänden Ordnung zu schaffen, bedeutet für Marie Kondo, die Grundeinstellung zum Leben, den Lebensstil und die eigene Existenz zu verändern. Ordnung herzustellen, bedeutet, mit der Vergangenheit aufzuräumen und sich bewusst zu machen, was wir für unser Leben wirklich brauchen. Wir entledigen uns allen überflüssigen Ballasts. Besonders indem wir in der Küche die Kontrolle zurückgewinnen, können wir unser Selbstwertgefühl steigern und unser Verhältnis zum Essen und vor allem zu den Menschen, mit denen wir leben, verbessern. Denn an dem Ort, an dem man gemeinsam isst, teilt man immer auch sehr viel Immaterielles. Also gerade was die Küche betrifft, ist die Methode Kondo zu weit von unserer abendländischen Kultur und vor allem von der mediterranen Kultur entfernt. In Italien ist die Küche der wichtigste Raum im Haus — an dieser Tatsache gibt es nichts zu rütteln.

Schon beim Aufräumen daran denken, dass essen Freude macht

Was bedeutet, in einer Küche »auf italienische Art« für Ordnung zu sorgen? Ganz einfach: »Auf italienische Art« heißt nichts anderes, als typisch italienischen Werten Rechnung zu tragen. Und dazu gehört vor allem, dass Essen Freude machen soll. Vielen meiner Landsleute ist vermutlich gar nicht bewusst, dass diese Haltung typisch italienisch ist. Doch Freunde meiner Kinder und Journalistenkollegen, die schon einmal im Ausland gelebt haben – vor allem in England und in den USA –, berichten nach ihrer Rückkehr, dass in einer Familie, in der beide Elternteile berufstätig sind, sich unter der Woche jeder direkt aus dem Kühlschrank bedient. In Italien dagegen sitzt die Familie mindestens zum Abendessen zusammen. Und versuchen Sie einmal, bei einer autoritären Hausfrau etwas aus dem Kühlschrank zu nehmen!

Wie wir sehen, ist die Küche also nicht in allen Kulturen ein Ort der Geselligkeit. In seinem Buch *Lebens-Mittel: Eine Verteidigung gegen die industrielle Nahrung und den Diätenwahn* singt Autor Michael Pollan ein Loblied auf das Essen in Gemeinschaft und zeigt auf, dass der Grund für ein problematisches oder krankhaftes Verhältnis zu Lebensmitteln bei immer mehr Amerikanern in einem Mangel an Geselligkeit begründet liegt. So nimmt man sich immer weniger Zeit fürs Essen, isst immer häufiger allein und ist dabei mit anderem beschäftigt – Fernsehen, Autofahren, eine Straße entlanghetzen.

Doch lassen wir einstweilen auch die asiatische Vorstellung von Ordnung beiseite, nach der ein stehen gelassener Gegenstand die Form und fortlaufenden Geraden einer Oberfläche störend durchbricht. In der Küche bei Freunden in Amsterdam sind alle Gegenstände in Schränken versteckt. Ich hatte mit Hausherrin Rachel lebhafte Diskussionen, bis wenigstens die Saftpresse und der Espressokocher (ich habe sie zum Espresso bekehrt) in Griffnähe bleiben durften.

In einer italienischen Küche kann zum Beispiel problemlos eine herausgerissene Heftseite mit einer Kinderzeichnung vom Ältesten hängen (vielleicht besucht er mittlerweile bereits das Gymnasium) – die wird man in der Familie sicher nicht wegwerfen. Erinnerungen sind in Italien ebenso heilig wie die Küche. Für mich hat »auf italienische Art« überhaupt einen angenehmen Beiklang: Eine Schale mit duftenden reifen Tomaten bringt die allgemeine Ordnung nicht durcheinander. Was aber jetzt nicht heißt, dass Sie sich einen Knoblauchzopf und einen Hartkäse an den Deckenbalken hängen sollen, wie es das Klischee der mediterranen Küche verlangt.

Und damit kommen wir zu einem wichtigen Punkt: Bevor wir uns ans Aufräumen machen, will ich Ihnen meine Vorstellung von Ordnung erläutern. Sie lehnt sich an jene des antiken römischen Architekten Vitruv an, der den Begriff »Ordnung« in einem Atemzug mit »Schönheit« verwendet, in der sich nach seinem Verständnis die Harmonie der universalen Ordnung offenbart.

Lassen Sie uns diese Definition mit der Vorstellung von Ordnung in der japanischen Kultur und der Zen-Ästhetik vergleichen.

Man kann von Ordnung nicht unabhängig von Raum sprechen, und das Konzept zur Gestaltung von Raum bei Marie Kondo gründet sich aller Wahrscheinlichkeit nach auf die sogenannte Ästhetik der Leere.

Kurz gefasst: schön = leer. In Japan ist eine »schöne« Küche, in der Ordnung herrscht, so gut wie leer. Leere wird als Gefühl erfahren, sie ist Ausgangspunkt für eine kreative Spiritualität, die sich in unterschiedlichen Formen ausdrücken kann, vom Bonsai über Tuschemalerei und Haiku-Dichtung bis zur Gartengestaltung.

Im Mittelmeerraum bedeutet »schön« dagegen voller Gegenstände, die Gefühle hervorrufen: wie die eben schon erwähnte Kinderzeichnung des mittlerweile fast erwachsenen Sohnes oder die Schale voller duftender, reifer Tomaten.

Bevor ich dieses Kapitel abschließe, will ich noch ein weiteres Beispiel für diesen Unterschied anführen, und zwar aus dem Bereich der Gartengestaltung. In einem Garten formt der Mensch die Natur nach seinen Vorstellungen. Und besser kann man den Unterschied zwischen einer mediterranen und einer Zen-Küche nicht darstellen – vergleichen Sie etwa einen japanischen Garten mit den typischen Hangterrassen in Ligurien.

In einem asiatischen Garten tritt der Mensch nicht in Erscheinung, sondern hinter der Natur zurück, er greift nicht formend in sie ein, sondern gestaltet die Natur im Einklang mit den ihr ureigenen, universalen Prinzipien. Im Gegensatz dazu steht der Garten im italienischen Stil, eine durchdachte architektonische Schöpfung, die präzisen geometrischen Formen und mathematischen Formeln folgt und kein Fleckchen außer Acht lässt.

Der mediterrane Garten ist weder das eine noch das andere: Er bewegt sich irgendwo zwischen Gemüsegarten und Bauerngarten, in ihm herrscht fröhlich-buntes Durcheinander aus Blumen und Kräutern. Und genau diese Vorstellung wird sich in Ihrer Küche widerspiegeln, wenn Sie dort nach meiner Methode Ordnung geschaffen haben. Ihre Küche wird wie ein Garten sein, der Schönheit und Persönlichkeit ausdrückt, farbenfroh und voller Respekt vor der Natur, die dort nicht in geometrische Muster gezwungen, sondern nur dezent geformt wird. Der mediterrane Garten lädt zum Verweilen und Durchatmen ein, er ist ein segensreicher Ort, aus dem sich mit umgebundener Schürze auf die Schnelle ein Rosmarinzweig für den Braten holen lässt. In dem Myrte, Ginster, Lavendel und Rosmarin gedeihen, in dem Kapernsträucher, Oliven-, Feigen- und Erdbeerbäume wachsen.

Das Gegensatzpaar »voll« und »leer« spielt bei unserem Ordnungschaffen eine entscheidende Rolle: So wie das Dunkel erst durch das Licht erfahrbar wird, kommt auch Fülle erst in einer leeren Umgebung zur Geltung. Eine Lehre der Meister des Bonsai lautet: »Wer der Leere gebührend Aufmerksamkeit schenkt, wird die Fülle besser gestalten.« Diesem Grundgedanken, in dem Zen-Kultur und mediterrane Kultur aufeinandertreffen, folgt unsere neue Ordnung in der Küche. Der Trick besteht also darin, leeren und »gefüllten« Raum geschickt miteinander abzuwechseln.

In der Einleitung habe ich bereits angedeutet, dass übertriebene Ordnungsliebe auf eine psychische Störung hindeuten kann. Natürlich könnten Sie mir jetzt unterstellen, ich würde nur meine eigene Unordentlichkeit (außerhalb der Küche!) beschönigen wollen, so wie chaotisch veranlagte Menschen sich gern mit dem Klischee herausreden, dass Künstler nun einmal unordentlich sind. Aber lassen Sie uns über die Schattenseiten des Ordnungsfimmels sprechen. Beispiele für Aufräumwahn sind hinreichend bekannt: Mütter, die ihren Kindern hartnäckig hinterherräumen oder bei jedem Wechsel der Jahreszeit die Kleiderschränke umpflügen; Ehemänner, die zwanghaft ihre Socken und Krawatten sortieren; Frauen, die erst dann ruhig schlafen können, wenn sie das Geschirr vom Abendessen abgespült haben; Angestellte, die ihre Bleistifte nach Farben ordnen. Aber wer von uns kann sich davon ganz freisprechen? Hinter übertriebenem Ordnungssinn steckt immer die Angst, die eigenen Gefühle nicht im Griff beziehungsweise nicht alles und jeden in der Umgebung unter Kontrolle zu haben. Sicher: Wir alle halten uns gerne in einem ordentlichen und sauberen Umfeld auf, es ist Ausdruck für inneres Gleichgewicht und geistige Klarheit. Zum Problem aber wird es dann, wenn sich alles nur noch um Ordnung dreht, wenn die Ordnung zur Sucht wird.

Für viele Menschen bedeutet Aufräumen, mit sich ins Reine zu kommen. Wenn man jedoch ständig mit Aufräumen beschäftigt ist, kann das darauf hindeuten, dass man unbewusst Emotionen unterdrückt, tief verwurzelte Unsicherheiten überspielt oder sein Gewissen beruhigen will, nach dem Motto: »Wenn mein Zuhause ordentlich ist, dann halten mich die anderen für einen guten Menschen oder für eine gute und umsichtige Mutter.«

Die Methode, die ich hier vorstellen will, soll Ihnen das Leben erleichtern. Setzen Sie das um, was Ihnen nützlich erscheint, denken Sie vielleicht über den einen oder anderen Hinweis nach und finden Sie Ihre eigene Ordnung für die Küche. Geben Sie ihr einen persönlichen Touch. Das kann die – bereits bekannte – Schale mit Tomaten sein oder die Kinderzeichnung. Was es ist, müssen Sie für sich selbst herausfinden.

Die Küche organisieren:
Meine persönlichen Ratschläge, um Ihre Küche persönlicher zu gestalten

Mit der Zeit eine Methode gefunden zu haben, mit der ich meine Küche besser organisieren kann, hat mich mit Freude und Zufriedenheit erfüllt. Nur wer sich verändert, kann innerlich wachsen, lautet einer meiner Glaubenssätze, und ich behaupte, dass Sie sich erst dann wirklich verändern, wenn Sie gelernt haben, Ihre Küche zu organisieren. Und zwar nach meinen Regeln, denen Sie Ihre persönliche Note verleihen. Weil die Küche der wichtigste Raum in Ihrem Zuhause ist. Weil sich die Menschen abends noch nie vor einer Garderobe versammelt haben, um den Herd aber schon. Vielleicht muss ich, bevor ich das Haus verlasse, überall nach meinen Schuhen suchen, aber ich kann Ihnen immer sagen, was bei mir im Kühlschrank steht.

Zeig mir deine Küche,
und ich sage dir, wer du bist

Zwei Dinge müssen Sie sich merken: Erstens, jeder profitiert von einer neuen Ordnung in der Küche, und zweitens, es macht Spaß, wenn an diesem Ort nicht nur Essen zubereitet, sondern Emotionen geschaffen werden, und zwar mithilfe des Aufräumens.

Die Küche soll für alle, die sich dort aufhalten, zu einem Hort der Harmonie werden. Schlafzimmer und Bad sind private Räume, das Wohnzimmer ist den Beziehungen zur Welt außerhalb der eigenen vier Wände vorbehalten, doch die Küche ist ein Ort der Geselligkeit, an dem unsere fünf Sinne aktiv werden. Kennen Sie einen Raum mit mehr Symbolgehalt? Ich will noch weiter gehen: Wer dort wirklich lebt, wird zu seinen Mitbewohnern, ob er mit ihnen verwandt ist oder nicht, ein innigeres und gesünderes Verhältnis haben. Sobald in der Küche Ordnung herrscht, wird man dort mehr Zeit miteinander verbringen und ein tieferes und echteres Verständnis füreinander entwickeln.

Es ist müßig, die Unterschiede zwischen einer Single- und einer Familienküche zu beschreiben. Ich will mich auf einige allgemeine Beobachtungen beschränken. Die Küche ist ein Ort des geselligen Zusammenseins, und allein schon deshalb sollte dort Ordnung herrschen. In der Schublade mit der Unterwäsche kann ruhig alles durcheinanderfliegen; aber wir machen uns die Kontakte zu anderen unnötig schwer, wenn wir einer Freundin nicht einmal einen Kaffee anbieten können, weil in der Küche peinliches Chaos herrscht. Ordnung in der Küche ist also selbst dann unerlässlich, wenn wir nicht kochen können.

Für viele Singles ist die Küche kein Muss. Renato war Single, und seine Mutter ermahnte ihn immer wieder: »Du bist jetzt dreißig, wann wirst du endlich vernünftig? Du ernährst dich von

Tiefkühlkost und lässt deinen Herd verstauben.«
Aber Renato ging es gut damit. Er aß auf dem
Sofa; immer wenn er an seiner Küche vorbei-
kam, fühlte er sich so unwohl wie beim Zahn-
arzt.

Zu Weihnachten bekam er auf einmal eine
Kaffeemaschine geschenkt. Von da an setzte er
sich ab und zu an den Küchentisch und las beim
Kaffee die Zeitung, doch das war's auch schon.
Es ist ein Teufelskreis: Manch einer mag seine
Küche nicht, weil die Küche ihn nicht mag.
Doch eines Tages tritt eine entscheidende Ver-
änderung ein.

Renato macht die Bekanntschaft von Clara.
Sie ist eine leidenschaftliche Köchin, die in ihrer
Freizeit durch Supermärkte zieht, um dann zu
Hause gleich das neueste Rezept für die per-
fekte Sachertorte auszuprobieren. Renato wird
bald klar, dass er damit wenig anfangen kann,
und zwar ebenso wenig, wie er bislang mit seiner Küche anfangen konnte. Eines Tages kommt
es fast zum Streit, weil er Clara nicht erklären
kann, wie der teure Umluftherd funktioniert,
den er sich einst planlos in die Küche gestellt hat.

Sie fährt schweres Geschütz auf: »Was soll ich mit einem Mann anfangen, der in sechs Jahren nicht ein Mal seinen Herd angerührt hat?«

Doch nicht nur Singles geht das so: Viele Paare nutzen die Küche nur fürs gemeinsame Frühstück und sitzen ansonsten höchstens ein-, zweimal in der Woche abends dort zusammen. Sonntags wird mittags bei den Verwandten gegessen und abends in der Pizzeria. Die Küche bleibt kalt.

Man sieht einer Küche an, wenn sie nur ungern benutzt wird: Entweder sieht sie aus wie bei Renato – steril, leer und übertrieben auf Hochglanz poliert –, oder sie ist schlecht ausgestattet, ungepflegt, chaotisch und vollgestellt. John, ein Freund aus England, lebt mit seiner aus Florenz stammenden Freundin zusammen: »Seit ich in Italien lebe, gehe ich gerne mit Martina einkaufen, und wir kochen auch gerne zusammen. Aber wir arbeiten beide den ganzen Tag und sind abends oft eingeladen, und uns ist irgendwann klar geworden, dass wir eigentlich nur selten zu Hause essen. Wir mussten oft Lebensmittel wegwerfen, die abgelaufen waren. Es hat eine Weile gedauert, bis wir begriffen haben, dass wir uns besser organisieren müssen.«

Ein gutes Verhältnis zur Küche fördert gute Gewohnheiten – beim Essen und im Gefühlsleben

Die Küchen von Familien sind mir die liebsten. Dort gibt es viel tun, denn es wollen die unterschiedlichsten Geschmäcker und Angewohnheiten zufriedengestellt werden. Das gilt übrigens auch für studentische und andere Wohngemeinschaften.

Giovanna ist sechsundzwanzig. Sie ist während des Studiums schwanger geworden, hat aber trotzdem ihren Abschluss in Literaturwissenschaft gemacht und ihre große Liebe Tommaso (Tom, für seine Freunde) geheiratet. »Vor Saras Geburt hatte ich große Träume und gute Vorsätze. Kochen gefiel mir, auch wenn meine Mutter mich nie in die Küche gelassen hat. Erst an der Uni habe ich dann für meine Freundin-

nen gekocht. Als Toms Schwester Elena krank
wurde, hat sie ein halbes Jahr bei uns gewohnt.
Außerdem hat sie eine Gluten-Allergie. Da ich
tagsüber außer Haus bei Bewerbungsgesprächen
war, half Elena mir hin und wieder im Haushalt.
Abends war ich immer völlig erledigt und un-
zufrieden mit mir selbst. Ich war mir anfangs so
sicher gewesen, dass ich alles schaffen würde –
für Tom zu kochen, mich um Sara zu kümmern
und auch noch glutenfreie Mahlzeiten für Elena
zuzubereiten –, aber nach und nach habe ich
die Kontrolle über meine Küche verloren. Einmal habe ich die Mehlsorten verwechselt und
aus Versehen Kekse mit Gluten gebacken, von
denen Elena Beschwerden bekam.« Wie viele
junge Frauen muss Giovanna erst noch lernen,
um Hilfe zu bitten; sie ist unsicher und fürch-
tet Kritik von Toms Familie. Vor allem leidet sie
unter Schuldgefühlen, weil es ihr nicht immer
gelingt, sich um eine Kranke zu kümmern und
ihre Küche in den Griff zu bekommen. Dazu
kommt, dass sie sich nicht an Regel Nummer
eins gehalten hat: In der Küche hat nur eine(r)
das Sagen.

Welcher Typ sind Sie?
I: Hamsterkäufer oder Einkaufsmuffel?

Wie jemand einkauft, verrät viel über seine Essgewohnheiten und, man möchte es nicht glauben, über den Zustand seiner Küche. Im Großen und Ganzen lassen sich hier zwei Gruppen unterscheiden: die, die nur das Nötigste einkaufen, und die Hamster.

Antonio arbeitet von zu Hause aus, in seinem Kühlschrank herrscht so gut wie immer gähnende Leere. Seine Freundin Paola zieht ihn manchmal damit auf und nennt ihn einen Geizkragen, aber er kontert: »Warum soll ich mir meinen Kühlschrank vollstopfen? Wenn mir etwas fehlt, kaufe ich es ein. Ich habe doch die Zeit dazu, was soll ich mit Vorräten?« Also zieht er los und kauft eine Zwiebel, die gleich für ein paar Portionen Risotto reicht, einen Blumenkohl und ein paar Kapern. Als er einen Supermarkt entdeckt, in dem vom Wein über die Pasta bis zum Waschmittel alles unverpackt und lose angeboten wird, kennt seine Freude keine Grenzen. Antonio ist ziemlich ordentlich. Beim Einkaufen stellt er sich fortwährend die Frage: »Brauche ich das wirklich?«, und in den meisten Fällen lautet die Antwort »nein«. Dann kommt der Morgen, an dem die schwangere Paola Heißhunger auf einen Apfel hat: »Kein Problem«, meint Antonio, zieht los und kehrt mit einem Apfel zurück.

Antonia dagegen hamstert Lebensmittel. Wenn vier Gäste zum Abendessen kommen, kocht sie für acht. »Man kann nie wissen«, lautet ihr Kommentar, »ich lege Wert darauf, dass immer genug für alle da ist.« Sie kauft nach dem Motto ein: »Vorrat schadet nie.« Mit anderen Worten: Antonia hamstert. Wie der Hamster instinktiv Nahrung in seinen Backentaschen hortet, so hamstert Antonia Seife, Spülmittel, Reis, Pasta und Konserven, als wolle sie ein ganzes Regiment versorgen. Und schon bald hat sie in der Küche keinen Platz mehr. In den ersten Monaten nach der Hochzeit nimmt ihr Ehemann Luca das alles noch geduldig hin und spielt ihre Vorratshaltung herunter, doch als das gemeinsame Konto aus den roten Zahlen nicht mehr herauskommt, sagt er: »Wir müssen reden.«

Welcher Typ sind Sie?
II: Alles-Sofort-Erlediger oder Aufschieber?

Menschen unterscheiden sich nicht allein darin, wie viel sie einkaufen, sondern auch darin, wann und wie sie einkaufen. Wieder lassen sich zwei Grundtypen erkennen: die Alles-Sofort-Erlediger und die Aufschieber. Zur ersten Gruppe gehören ordentliche, disziplinierte und beherrschte Persönlichkeiten. Sie benutzen zum Einkauf eine eigene Tragetasche aus festem Stoff oder einem anderen widerstandsfähigen Material. Noch während die Kassiererin tippt, sortieren sie bereits ihren Einkauf nach Tiefgekühltem, Waschmittel, Gemüse und Obst. Mit einem Wort – sie bereiten die Waren für das spätere Wegräumen in der Küche vor. Küchenzubehör, Besteck oder Geschirr räumt der Alles-Sofort-Erlediger gleich nach Gebrauch entweder in die Spülmaschine oder ins Abwaschbecken.

Manches an diesen Persönlichkeiten deutet vielleicht auf übertriebene Ängstlichkeit hin und auf eine mehr oder weniger entfernte Verwandtschaft mit den (Einkaufs-)Hamstern. Professionelle Köche raten allerdings zu genau dieser Methode, um die Arbeiten in der Küche auch unter Zeitdruck noch problemlos bewältigen zu können.

Der Aufschieber hingegen wirft beim Einkauf im Supermarkt alles nach dem Zufallsprinzip in seinen Wagen und füllt an der Kasse die Tüten bis zum Zerreißen. Zu Hause stellt er die Einkäufe erst einmal auf dem Tisch ab und verstaut sie erst Stunden später lust- und wahllos in Kühlschrank oder Vorratsschrank. Der Aufschieber schiebt den Einkauf von Spülmittel so lange vor sich her, bis er wirklich keinen Spritzer mehr hat, und ebenso lässt er sich Zeit, bis er endlich das schmutzige Geschirr abwäscht oder es in die Spülmaschine räumt. Der Griff an einer Schublade ist lose und müsste repariert werden? Der Aufschieber zuckt nur müde mit den Schultern.

Meist verbirgt sich hinter einer solchen Haltung der Wunsch nach Perfektion, gepaart mit der Angst vorm Scheitern. Der Aufschieber geht nach der Strategie vor: Ich handle erst, wenn ich mir hundertprozentig sicher bin. Wer alles vor sich her schiebt, ist nie völlig im Hier und Jetzt.

Konsequentes Aufschieben gestattet diesem Typus, Risiken aus dem Weg zu gehen.

Wie wir zu Beginn gesehen haben, lassen sich zwei Arten von Unordnung unterscheiden: die Unordnung, die sich auf alle Lebensbereiche erstreckt, und die Unordnung derjenigen, die im Beruf diszipliniert und organisiert sind, sich aber zu Hause gehen lassen. Ein Fall für sich ist das sogenannte Messie-Syndrom, bei dem das Chaos pathologische Züge annimmt: Die Betroffenen sind oftmals Menschen, die nicht erwachsen werden wollen. Hinter dem Chaos verbirgt sich eine unausgesprochene Erpressung: Wenn du mich lieb hast, kümmerst du dich um mich/um mein Zimmer/um meine Klamotten und – um meine Küche. Doch auszumisten, was wir nicht mehr brauchen, ist ein bisschen, wie Stationen unseres Lebens hinter uns zu lassen: Beziehungen, die zu Ende gegangen sind; Projekte, die nie in Angriff genommen wurden; offene Fragen. Vielen Menschen fällt es schwer, mit der Vergangenheit abzuschließen. Womit wir wieder beim Thema wären: Genau deshalb bedeutet Aufräumen in der Küche, Abschied zu nehmen von unseren alten Problemen mit Essen, Lebensmitteln oder mit unseren Mitmenschen.

Bevor Sie sich also entscheiden, mit Studienkollegen in eine WG zu ziehen oder mit dem Freund/der Freundin zusammenzuleben, bevor Sie einen ausgedehnten Urlaub planen, bei dem Sie mit anderen eine Küche teilen – fragen Sie sich, in welche Kategorie Sie (und Ihre Mitbewohner) wohl am ehesten fallen: Hamsterkäufer oder Einkaufsmuffel, Alles-Sofort-Erlediger oder Aufschieber?

Organisation beim Wegräumen = mehr Platz und immer Vorrat

Räumen Sie nach dem Einkauf immer alles sofort weg. Stellen Sie Lebensmittel oder Küchenzubehör nicht einfach auf Boden, Tisch oder Arbeitsfläche ab, um erst mal etwas anderes zu erledigen.

Damit Sie nichts verschwenden beziehungsweise Verfallsdaten im Blick behalten, rücken

Sie nach jedem Einkauf Ware mit älterem Mindesthaltbarkeitsdatum nach vorn und stellen Sie Neukäufe nach hinten. Besorgen Sie sich eine kleine Tafel oder hängen Sie ein Blatt Papier innen an die Schranktür. Dort können Sie dann einfach alles sofort auflisten, was Sie nachkaufen müssen. Bitten Sie Ihre Mitbewohner, Ihrem Beispiel zu folgen. So haben Sie Ihre Einkaufsliste immer sofort parat.

In den folgenden Kapiteln werde ich erklären, wie man die Küche in vier Segmente aufteilt, die den vier Elementen zugeordnet sind – Erde, Luft, Wasser und Feuer. Alles, ob Lebensmittel oder Küchenzubehör, wandert jeweils in das entsprechende Segment. Mit der Zeit fällt es übrigens ganz leicht, Essen oder Gegenstände einem der vier Elemente zuzuordnen, und Sie werden sehen, dass die Segmente-Struktur auch das Einkaufen erleichtert.

Bevor es ans Aufräumen geht, lassen Sie mich noch einmal kurz zusammenfassen. Zur Einstimmung haben wir uns bislang mit verschiedenen Typen von Küchen und Persönlichkeiten beschäftigt (haben Sie sich wiedererkannt, wenigstens teilweise?). So weit, so gut. Wenn Sie sich fragen, wann es endlich mit praktischen Vorschlägen losgeht, haben Sie Ihre Hausaufgaben noch nicht gemacht. Denn ohne Motivation und Bewusstmachung läuft gar nichts – in der Küche muss übrigens nicht erst alles drunter und drüber gehen, damit Sie sich mit dem Thema Ordnung beschäftigen. Vielleicht wollen Sie lediglich etwas verändern. Und? Sind Sie bereit?

Zweiter Schritt:
Reinigung und Verhaltensprägung

Die vier Elemente in der Küche – was Sie über die vier Segmente der Ordnung und ihre typischen Merkmale wissen müssen

Beim Aufräumen der Küche lautet die Devise: Jedes Ding an seinen Platz, aber vor allem: Jedes Ding hat seinen Platz. Was aber gehört wohin? Ganz einfach: Lassen Sie sich von Ihren Assoziationen leiten.

Nehmen wir einmal an, Sie haben dieses Buch bis hierher gelesen, stehen eines Morgens auf und wollen Ihre Küche aufräumen. Vielleicht neigen Sie zum Hamstern, vielleicht schieben Sie gerne alles vor sich her, und mit dem Aufräumen stehen Sie generell auf dem Kriegsfuß.

Machen Sie ein Vorher-Foto Ihrer Küche

Sie haben sich entschlossen, dem Chaos in Ihrer Küche ein Ende zu setzen? Dann machen Sie als Allererstes ein Foto: Fotografieren Sie Ihre Küche komplett oder nur die Stellen, die Ihnen besonders ein Dorn im Auge sind. Erst jetzt geht es an die Arbeit.

Dieses Ritual hat übrigens den gleichen Effekt wie das Putzen mit dem selbst hergestellten Reiniger: Fotografieren schafft Distanz, denn Sie machen sich im wahrsten Sinn des Wortes ein Bild von der Situation. Oft ist man erst dann wirklich in der Lage, Ordnung zu schaffen.

Wie hilfreich es ist, sich erst einmal ein Bild zu machen, habe ich eher zufällig entdeckt. Vor vielen Jahren hat meine Freundin Miriam aus Boston während einer einwöchigen Italienreise bei mir Station gemacht. Wir schauten uns alte Fotos an, die sie mir ein halbes Jahr zuvor geschickt hatte. Ihr Mann hatte unter anderem die Küche ihres Landhauses fotografiert, in dem wir gemeinsam viel Zeit verbracht hatten.

Als Miriam nun ihre auf Fotos gebannte

Küche sah, riss sie mir die Bilder fast aus den Händen (damals machte man noch Abzüge, ach ... waren das Zeiten!): »Das ist ja furchtbar! Mir war gar nicht klar, dass meine Küche so klein und geschmacklos ist.« Ich versuchte vergeblich, sie zu beruhigen. »Schau dir das mal an, neben den schlichten Regalen wirken die Vorhänge ja völlig überladen.« Gemeinsam mit einem Freund oder einer Freundin ein Bild von unserer schmutzigen oder chaotischen Küche zu betrachten, hilft ungemein, um sich einen Überblick über die Ausgangslage zu verschaffen. Also, fotografieren Sie Ihre Küche, bevor Sie sich ans Auf- und Umräumen machen. Und wenn dann Ordnung herrscht, fotografieren Sie sie aus der gleichen Perspektive noch einmal. Legen Sie das Vorher- und das Nachher-Foto nebeneinander. Und freuen Sie sich über das Ergebnis!

Die Segmente nach den vier Elementen und ihre typischen Merkmale

Machen wir uns an die Arbeit. Wie meine Methode funktioniert? Ganz einfach: Ausgangspunkt sind für mich die Emotionen. Wie sollte es auch anders sein bei jemandem, der wie ich aus dem Mittelmeerraum stammt? Da die Küche für mich das »Herz« des Hauses darstellt, ist es nur naheliegend, dass die Methode, mit der ich dort Ordnung schaffe, den Gefühlen folgt. Und so bin ich auf die Idee gekommen, die Küche in vier Segmente einzuteilen, die den vier Elementen – Erde, Luft, Wasser, Feuer – zugeordnet sind.

Schon Hippokrates, der berühmte Arzt der Antike, wandte die Lehre von den vier Elementen auf die menschliche Natur an und unterschied danach vier Temperamente. Finden Sie heraus, welches der Temperamente Ihnen am ehesten entspricht. Vielleicht stellen Sie ja auch fest, dass Sie sich von dem entsprechenden Segment in Ihrer Küche besonders angezogen fühlen … Doch ganz gleich, in welcher der vier Kategorien Sie sich wiederfinden werden, zunächst einmal sollten Sie Ihre Küche in vier klar definierte Bereiche aufteilen und sie den vier Elementen – Erde, Luft, Wasser und Feuer – zuordnen.

Erde: schwarze Galle; melancholisch, schlank, schwach, blass, umsichtig in Gelddingen; *entspricht in der Küche dem Segment*: Kälte, also zum Beispiel Kühlschrank, unterer Regalbereich;

Luft: Blut (Herz); kräftig, vollblütig, fröhlich, gesellig und lebenslustig; *Segment in der Küche*: Vorratsschrank, Hängeschränke;

Wasser: Phlegma (Kopf); kräftig, faul, langsam, schwerfällig, fröhlich, phlegmatisch; *Segment in der Küche*: Spüle und Spülmaschine;

Feuer: gelbe Galle (Leber); aufbrausend, reizbar, großzügig, aber auch hochmütig; *Segment in der Küche*: Herd, Ofen, Kamin.

Teilen Sie Ihre Küche nach den vier Elementen in vier Grundsegmente auf

Suchen Sie sich einen ruhigen Tag aus. Stellen Sie sich an den Eingang zu Ihrer Küche oder mit dem Rücken zum Fenster und atmen Sie erst einmal tief durch.

In der asiatischen Kultur wird dem Atmen eine sehr viel umfassendere Bedeutung beigemessen als bei uns im Abendland. Dabei können wir gerade hier eine ganze Menge dazulernen. Denn Atmen ist nicht nur biologische Notwendigkeit, sondern kann uns in seiner rituellen Form mit unserer Umgebung harmonisieren. Diese Form der Atmung heißt *Chi* und ist nicht zu verwechseln mit dem unwillkürlichem Einatmen oder Luftholen; *Chi* beschreibt eine Atemmethode, bei der sich auch der Bauchraum mit Luft füllt und die uns Energie und Vitalität spendet und uns mit der Welt in Einklang bringt.

Indem wir in unserer Küche bewusst atmen, stellen wir eine positive Verbindung zu ihr her. Warum das so wichtig ist? Wer die Küche als einen entspannenden, gemütlichen und auch emotional ansprechenden Ort erlebt, kann sie jederzeit auch dazu nutzen, um mit sich und der Welt in Einklang zu kommen. »Wenn der Nachmittag halb herum ist und ich meinen letzten Termin beende, träume ich schon von meiner Küche«, erzählt Lara, Architektin und Managerin eines großen Architektenbüros. »Der eine träumt davon, vorm Fernseher zu sitzen, der andere sehnt sich nach einem heißen Fußbad. Für mich gibt es nichts Schöneres, als mich an meinen Küchentisch zu setzen und einen Tee zu trinken. Auch bei Auseinandersetzungen mit meiner sechzehnjährigen Tochter geht es mir so — am Ende ziehe ich mich in meine Küche zurück, räume ein bisschen auf, und schon finde ich mein inneres Gleichgewicht wieder.«

Nachdem Sie erst einmal tief durchgeatmet haben, schließen Sie Ihre Augen und teilen Sie Ihre Küche im Geiste in vier Segmente. Ordnen Sie nun jedes Segment einem Element zu. Stellen Sie sich zuerst nur vor, wo die Grenzen zwischen diesen Bereichen verlaufen, und öffnen Sie erst dann die Augen, um sie mit den Fingern nachzufahren. Auf diese Weise entsteht zwischen Ihnen und Ihrer Küche eine emotionale Verbindung. Lassen Sie sich auf keinen Fall davon beirren, dass Ihre Küche vielleicht nicht gerade Ihre Traumküche ist, sondern nur eine Übergangslösung. Das spielt keine Rolle – auch ein Partner oder ein Haustier können irgendwann aus Ihrem Leben verschwinden. Das ist noch lange kein Grund, sie weniger gut zu behandeln.

Noch einmal: Meine Methode funktioniert nur dann, wenn Sie sich von Ihren Emotionen und nicht von irgendwelchen ungeschriebenen Gesetzen leiten lassen, die Ihnen Ihre Mutter oder die Traditionen auferlegt haben oder der Architekt, der Ihre Küche geplant hat. Setzen Sie sich über all das hinweg und wenden Sie meine Methode konsequent an. Nur so werden Sie lustvoll Ordnung schaffen und Ihre Küche unverwechselbar und individuell gestalten können. Und zwar in der Gewissheit, dass sich Ihre Küche – auch wenn in anderen Haushalten zig weitere Exemplare davon stehen – dank Ihres Engagements verwandelt hat.

Nun, da Sie Ihre Küche in die vier (Temperament-)Segmente unterteilt haben, können Sie damit beginnen, sie nach den vier Elementen zu ordnen. Dazu ordnen Sie jedes Objekt einem Element zu. Diese gedankliche Assoziation dürfte nicht allzu schwerfallen und ergibt sich in der Regel aus der Funktionen des Gegenstands.

Ein Stück Butter beispielsweise bewahrt man natürlich am besten an einem kühlen Ort auf. Manchmal folgt man bei der Zuordnung bestimmter Küchenutensilien oder Lebensmittel auch persönlichen Vorlieben. Wichtig ist nur, dass Sie bei der einmal getroffenen Zuordnung bleiben. Wenn das Ritual der Verhaltensprägung erfolgreich war, dürfte das kein Problem mehr sein.

Aber wie können wir unser Verhalten prägen? Laut einer Studie einer amerikanischen Universität spricht man dann von einer Gewohnheit, wenn man ein bestimmtes Verhalten über einen Zeitraum von mindestens drei Wochen immer wieder wiederholt. Ich habe es selbst ausprobiert, und ich kann es bestätigen. Leider sind frisch antrainierte Gewohnheiten ausgesprochen anfällig, denn kaum haben Sie sie einmal zwei, drei Tage schleifen lassen, schleichen sich sofort wieder alte Angewohnheiten ein, und Sie müssen wieder bei null anfangen.

Aber wie funktioniert es nun mit dem »Antrainieren« einer neuen Gewohnheit? Nehmen wir einmal an, Sie beschließen, die Gummibänder von nun an immer in einer Schachtel aufzubewahren, die sich in der zweiten Küchenschublade gleich neben dem Backpapier befindet. Haben Sie das ein paarmal so gemacht, werden Sie in Zukunft jedes Mal, wenn Sie ein Gummiband in die Hand nehmen, sofort an diesen Aufbewahrungsort denken. Genauso verhält es sich mit dem Aufräumen: Sie nehmen einen Gegenstand in die Hand und ordnen ihn schon im Geiste einem bestimmten Ort zu. Bis hierher ist das noch nichts Neues: Vermutlich wird niemand auf die Idee kommen, die gebügelte Bettwäsche in die Badewanne zu räumen. Wenn ich aber zum Beispiel Gummibändern keinen festen Platz zugewiesen habe, wandern sie mal in die Schale mit allerlei Kram neben der Garderobe, dann wieder in die Besteckschublade oder in die Schublade mit dem Schreibzubehör.

Lassen Sie mich die Geschichte von Alice erzählen, eine der Ersten, der ich meine Theorie von den vier Grundsegmenten geschildert habe. Alice hatte nach eigenen Worten Mühe, den Bereich um Herd und Backofen in Ordnung zu halten. Gegenstände, die eigentlich dorthin gehörten, waren überall in der Küche verstreut. Irgendwann wurde uns beiden klar, dass Herd und Backofen relativ weit voneinander entfernt standen. »Wo soll ich das Backpapier hintun, wenn es neben dem Backofen keine Schublade gibt? Wo sollen Topflappen und -handschuhe hin, wenn ich sie sowohl am Herd als auch beim Ofen brauche, die beiden Geräte aber an gegenüberliegenden Wänden stehen?« Die Antwort ist ganz einfach: »Du musst einen Aufbewahrungsort wählen, der zwischen Herd und Ofen liegt.« Alice wählte eine Schublade, die sich auf halber Strecke zwischen Herd und Ofen befindet, und bewahrt dort jetzt alles auf, was dem Segment Feuer zugeordnet ist.

Während der Arbeit an diesem Buch fand in Mailand gerade die Möbelmesse statt, auf der die neuesten Einrichtungstrends aus aller Welt vorgestellt wurden. Natürlich wurden dort auch

wunderschöne Hightechküchen präsentiert, mit
auf Lichtschienen angebrachten Strahlern, die
immer genau dorthin leuchten, wo gerade Licht
gebraucht wird; mit Herdplatten, die nahezu
nahtlos in makellose Flächen eingelassen sind;
komplett versenkbare Griffe, keine störenden
Rillen oder Ritzen mehr, in denen sich Schmutz
festsetzen kann. Edelstahl-Arbeitsplatten mit
integrierter Spüle samt blitzender, genau ein-
gepasster minimalistischer Abtropfvorrichtung.
Schneidebrett-Sets im Edelstahlbehälter, der sich
optisch perfekt in die Küche integriert.

Aber machen Design, moderne Technologie
und ausreichend finanzielle Mittel das Aufräumen überflüssig? Ich glaube nicht. Vielleicht mag
jemand, der eine Hightechküche besitzt, meine
Ratschläge für etwas naiv halten. Aber ich habe
schon Luxusküchen gesehen, in denen Chaos
herrschte, und einfache, günstige Küchen, die
clever und funktional organisiert waren. Nur ein
Beispiel: Falls die Abstände zwischen den Regalböden in Ihren Hängeschränken zu groß sind,
bitten Sie einfach einen Schreiner, Ihnen noch
ein oder zwei Zwischenbretter einzuziehen. So

haben Sie mehr Stauraum für Ihr Geschirr und müssen keine schweren Stapel balancieren, wenn Sie nur ein Teil herausnehmen wollen.

Erde

Nach dem christlichen Weltbild nimmt die Erde unter den Elementen den letzten Rang ein. Ich stelle sie an die erste Stelle, denn für mich und auch in der Alchemie ist die Erde der Inbegriff des Weiblichen, sie ist mütterlich und nährend. Mutter Erde. Als Materie steht sie in Opposition zum Geist und ist unentbehrlich für das universale Gleichgewicht.

In der Küche repräsentiert die Erde das Segment Kälte: Hierher gehören Küchenutensilien und Lebensmittel, die Sie assoziativ mit Kühlem oder Feuchtem in Verbindung bringen. Darunter fallen aber nicht nur Kühl- und Gefrierschrank, sondern auch Zubehör und Utensilien wie Eisbehälter, Gefriertüten und so weiter.

Vielen Menschen ist es unangenehm, wenn

jemand Fremdes ihren Kühlschrank inspiziert. Kaum ein anderes Haushaltsgerät ist derart intim. Es fühlt sich fast an, als schaue einem jemand in den Mund oder in die Schublade mit der Unterwäsche. Uns ist unwohl dabei, wenn jemand, der uns noch nicht einmal nahesteht, etwas anrührt, wozu wir vielleicht ein etwas ambivalentes Verhältnis haben. Wir fühlen uns in unserer Privatsphäre verletzt und analysiert, als wollte jemand unser ganz persönliches Verhältnis zum Essen durchleuchten und Schlimmeres.

Als ich noch Single war, entschied ich erst dann, ob mir jemand gefiel oder nicht, wenn ich ihn zu mir nach Hause eingeladen hatte. Ich beobachtete meine Reaktion, wenn er sich meinem Kühlschrank näherte. Konnte ich es kaum ertragen, war die Beziehung schon so gut wie beendet.

Wir sollten also lernen, die Augen zwar offen zu halten, wenn es um Kühlschränke geht, es uns aber auf jeden Fall verkneifen, einfach an den Kühlschrank einer Freundin/eines Freundes oder der Schwiegertochter zu gehen, wenn wir nicht ausdrücklich dazu aufgefordert werden.

Der Kühlschrank einer Person, die Sie gerne näher kennenlernen möchten, ist leer? Dann isst der- oder diejenige vorwiegend außer Haus, weil er oder sie Single ist oder gerade frisch getrennt. In diesem Fall wird die Küche also kaum der Ort für Seelenwandel und tiefe Gefühle sein.

Oder befinden sich im Kühlschrank ausschließlich Gemüse, Obst, Vitamine und andere Nahrungsergänzungsmittel, alkoholfreie Getränke und Gesundheitsdrinks? Dann haben Sie es aller Wahrscheinlichkeit nach mit einer Essstörung zu tun, denn der oder die Betreffende versucht offenbar zwanghaft, sich gesund zu ernähren.

Vielleicht ist der Kühlschrank im Gegenteil voller Fertigsoßen, Würste, Salami, Käse, Sahne und Tortenresten? Dann schlägt sich hier jemand den Bauch voll, ohne sich Gedanken über Kalorien und Cholesterin zu machen.

Wenn sich nur Fertiggerichte im Kühlschrank befinden, hat der- oder diejenige offenbar keine Zeit zum Kochen. Hat er oder sie dann vielleicht auch keine Zeit für Sie?

Und ein Kühlschrank voller exotischer Speisen aus aller Welt – selbst gemachtes Sushi und Ölessenzen, Reste von Sauerteig oder fermentierter Kohl? Hier haben Sie es mit einem experimentierfreudigen Zeitgenossen zu tun, der gern Neues ausprobiert.

Aber zurück zu uns. Gehen Sie genauso vor wie bei Ihrer Küche – machen Sie ein Foto vom Inhalt Ihres Kühlschranks. Und machen Sie sich im wahrsten Sinn des Wortes ein objektives Bild von der Ausgangssituation. Verkneifen Sie sich eine voreilige Diagnose, betrachten Sie die Fotos möglichst sachlich und überlegen Sie, was sie über Sie und Ihre (Ess-)Gewohnheiten aussagen.

Kommen wir zum praktischen Teil. Nach welchen Kriterien lagert man Lebensmittel im Kühlschrank? Die Hersteller liefern zu jedem Gerätemodell nützliche Hinweise, aber generell gilt: Rohe und leicht verderbliche Lebensmittel gehören nach unten in die kälteste Zone; gekochte Speisen, die weniger bakterienanfällig sind, kommen in die Mitte oder nach oben. Üblicherweise sind die Temperaturen für die einzelnen Kühlschrankzonen in der Bedienungsanleitung angegeben, aber vielleicht sind Sie wie ich und haben das Heftchen vor dem Aufräumen verschlampt. In dem Fall informieren Sie sich auf der Website des Herstellers.

Eine kurze Nebenbemerkung zum Thema Bedienungsanleitungen. Mit den Jahren hat es mich immer mehr genervt, wenn ich Bedienungsanleitungen, Garantien und Quittungen zu Bußgeldbescheiden, Abrechnungen etc. nicht sofort fand. Lange versuchte ich, das Problem zu ignorieren, doch irgendwann hatte ich die Nase voll und beschloss, das Übel bei der Wurzel zu packen. Ich habe zwei Lösungen entwickelt: Die erste besteht darin, eine Schublade auszusuchen, in der Sie sämtliche Garantien, Gebrauchsanweisungen und Ähnliches aufbewahren. Die zweite Methode funktioniert genauso, nur dass Sie sich in *jedem* Raum einen Platz suchen, an den Sie die Papiere für alle dort befindlichen Geräte räumen. Ganz egal, für welche Variante Sie sich entscheiden, wichtig ist nur, dass Sie dabei bleiben. Mir ist heute leichter ums Herz: Mir bricht nicht mehr der kalte Schweiß aus, wenn der Installateur zur Kontrolle des Boilers kommt, sondern habe die Bescheinigung vom Vorjahr sofort zur Hand.

Das war's auch schon zum Thema Bedienungsanleitungen und Co. Nun noch ein paar
Hinweise, welche Lebensmittel aus Ihrem Ein-
kaufskorb in welche Kältezone des Kühlschranks
gehören:

Tür: Butter, Wasser, Milch, Wein,
Soßenkonserven

obere Zone: Eier, Butter, Käse, Joghurt,
abgepackte Wurstwaren, gekochte Speisen

mittlere Zone: gekochte Pasta, gekochtes
Fleisch (beides zum baldigen Verzehr
bestimmt), Pastasoßen, gekochtes Gemüse,
andere Soßen

untere Zone: rohes Fleisch, roher Fisch,
Geflügel

Schubladen: frisches Obst und Gemüse;
sie gehören in die wärmste Zone im Kühlschrank, und zwar in Papier- und nicht in
Plastiktüten. Brottüten aus Papier eignen sich

hervorragend für die Lagerung von frischem Gemüse (und reifem Käse), weil sie luftdurchlässig sind. Bevor man Gemüse einfriert, zerteilt man es am besten gebrauchsfertig, Hülsenfrüchte werden blanchiert. Natürlich wird das Gemüse vorher gründlich gewaschen (auch wenn das laut Etikett bereits passiert ist). Geben Sie sicherheitshalber immer einen Schuss Natriumbikarbonat ins Wasser.

Den Überblick darüber zu behalten, wann Mindesthaltbarkeitsdatum oder Verfallsdatum der einzelnen Lebensmittel ablaufen, bereitet den meisten von uns Kopfzerbrechen. Wer kennt das nicht? Da haben wir während unseres Provenceurlaubs ein Glas mit sündhaft teurer Bioheidelbeermarmelade gekauft, und als wir sie endlich einmal auf den Frühstückstisch stellen wollen, ist die Mindesthaltbarkeit schon abgelaufen. Die Lösung? Auf den ersten Blick vielleicht ein lästiger Mehraufwand, der am Ende jedoch belohnt wird, denn in Kühlschrank und Vorratsschrank herrschen Ordnung und Harmonie, und vor allem spart man bares Geld: Wenn Sie nach dem

Einkauf feststellen, dass Sie etwas bereits vorrätig haben, stellen Sie den Neueinkauf einfach nach hinten. Auf diese Weise können Sie sicher sein, dass Sie stets das Produkt mit dem älteren Mindesthaltbarkeitsdatum verwenden. Genauso werden schließlich auch die Regale in Supermärkten aufgefüllt: Produkte mit dem älteren Datum wandern immer nach vorn, damit erst einmal alles verkauft wird, was bereits länger im Regal steht.

Doch zurück zum Kühlschrankeinräumen.

Für die Eier ist üblicherweise ein Fach in der Kühlschranktür vorgesehen. Spülen Sie Eier übrigens erst dann ab, wenn Sie sie verwenden wollen, damit der natürliche Schutzfilm so lange wie möglich erhalten bleibt.

Rücken Sie außerdem die Lebensmittel nicht zu nah an die Rückwand Ihres Kühlschranks, da Sie dadurch seine Funktionstüchtigkeit beeinträchtigen könnten.

Von großem Nutzen sind Lebensmittelbehälter. Wenn Sie nicht zu den glücklichen Besitzern eines hypermodernen Kühlschranks gehören, besorgen Sie sich verschiedenfarbige Behälter und ordnen Sie die diversen Lebensmittel – Soßen, Käse, Salami, Speisereste (die in gut verschließbare Behälter gehören) – jeweils einer bestimmten Farbe zu. Die Behältnisse sollten nicht zu hoch sein (damit sie in die Kühlschrankfächer passen), wegen der besseren Hygiene aus Plastik und möglichst mit Löchern für die Luftzirkulation versehen sein. Sie können auch noch weitere Fächer in Ihren Kühlschrank einziehen und dort etwa sperrige Saftkartons horizontal lagern, oder besorgen Sie sich Drehteller für kleine Gläser etc., die man so leichter wiederfindet.

Lassen Sie heiße oder sehr warme Speisen, bevor Sie sie in den Kühlschrank räumen, erst abkühlen, da sonst die Kühlschrankinnentemperatur zu sehr ansteigt. Warten Sie aber nicht zu lange: Speisereste sollten innerhalb von zwei Stunden nach dem Servieren gekühlt werden.

Ein Fehler, der häufig gemacht wird: Viele Leute stopfen den Kühlschrank zu voll. Wenn aber zwischen den gelagerten Lebensmitteln nicht mehr genug Platz ist, kann die Luft nicht zirkulieren, und die gewünschte Temperaturverteilung in den einzelnen Kältezonen ist dann nicht mehr gewährleistet. Aber auch Frostbildung beeinträchtigt die Funktionstüchtigkeit des Kühlschranks und nimmt zudem wertvollen Platz weg. Tauen Sie Ihren Kühlschrank also regelmäßig ab und reinigen Sie ihn mit heißem Wasser, dem Sie zum Neutralisieren von Gerüchen auch einen Schuss Essig beigeben können.

Kommen wir nun zu Gefriertruhe und Gefrierfach. Hier gilt: Lagern Sie noch nicht gefrorene Lebensmittel nicht direkt neben Gefrorenem. Der Grund liegt auf der Hand: Erstere geben Wärme ab. Die zweite Grundregel: Frieren Sie aufgetaute Ware nicht wieder ein.

Schwieriger ist es, den Überblick zu behalten, was sich in der Tiefkühltruhe oder im Gefrierfach befindet. Meist sind es zwei Fragen, die uns beschäftigen: Wann habe ich dies oder jenes eingefroren? Und vor allem was? Da wandern Fleisch, Überreste von gekochten und rohen Speisen ruck, zuck ins Gefrierfach oder in die Gefriertruhe – und werden dort vergessen. Dabei könnte es so einfach sein: Verstauen Sie Lebensmittel in Gefriertüten und beschriften sie diese, zum Beispiel: Gehacktessoße, Mai 2016.

Am Anfang werden Sie vielleicht noch über den kleinen Mehraufwand stöhnen, aber irgendwann werden Sie mir dankbar sein. So erging es zumindest meiner Journalistenkollegin Simona, Fotoreporterin mit zwei Kindern, einem Hund und einem chaotischen Schwiegervater, die einmal ganz unten in ihrer Gefriertruhe eine Tüte mit grünen Bohnen aus dem Jahr 2001 gefunden hat.

Und so macht man es richtig: Frische Erbsen kaufen, Schoten auspulen, dann die Erbsen in eine Gefriertüte geben und Datum und Inhalt auf die Tüte schreiben. Zum Schluss die Tüte in die Gefriertruhe hinter oder unter bereits vorhandene Tüten mit Gemüse beziehungsweise Erbsen legen.

Hier ein weiterer nützlicher Tipp: Frieren Sie Lebensmittel portionsweise ein. Als ich achtzehn war, ich war gerade frisch verheiratet (!), musste ich am Abend immer schon für den nächsten Tag vorkochen, denn ich war noch Schülerin (es war das letzte Jahr vor dem Abitur). Die richtigen Mengen hinzubekommen, war für mich ein Albtraum. Doch mit den Jahren habe ich begriffen, dass man Zeit und Geld sparen kann, wenn man in Portionen denkt. Gerade in großen Familien kommt es oft vor, dass einer Hühnchen möchte, während alle anderen Spaghetti essen. Packen Sie also Speisen oder Lebensmittel portionsweise ab und lagern Sie sie so im Kühlschrank oder frieren Sie sie ein. Dann können Sie bei Bedarf einfach eine oder mehrere Portionen herausholen und weiter zubereiten.

Und noch ein Tipp zu guter Letzt: Veranstalten Sie einmal im Monat eine »Alles-muss-raus«-Aktion: Räumen Sie Ihren Kühlschrank und Ihr Gefrierfach leer. Sie werden staunen, was für fantasievolle kulinarische Kreationen entstehen. Und Sie schlagen gleich zwei Fliegen mit einer Klappe: Ihre Freunde oder Ihre Familie werden begeistert sein. Und auch Sie selbst – denn ganz nebenbei haben Sie in Ihrer Küche für Platz und Ordnung gesorgt.

Der Kühlschrank: Gradmesser für das seelische Gleichgewicht

Als unangefochtener König unter den Haushalts-geräten hat der Kühlschrank ein eigenes Kapitel verdient. Er ist der heimliche Mittelpunkt un-serer Küche, ihre widersprüchliche Seele, Hort der Sinnesfreuden und tief verborgener Geheim-nisse. Hier lädt das Unterbewusstsein zum Ban-kett. Spricht man vom Kühlschrank, dann geht es zwangsläufig auch um den intimen Kern un-serer Persönlichkeit. Nirgends sonst lassen sich derartige Mengen an Lebensmitteln unterbrin-gen, und nirgends sonst entladen sich so viele orgiastische Impulse wie in seinem Umfeld. Sein Innenleben verrät so einiges über seinen Besitzer. Wenn im Kühlschrank außer ein paar Gläschen mit scharfen Würzsoßen, Bier, Wein und Cham-pagner nichts Essbares zu finden ist, so verbirgt sich dahinter wohl kaum ein Freund von ge-sunder Kost. Was vielleicht weniger Anlass zur Sorge gibt als ein Vorrat an Sojamilch, ungesüß-ten Fruchtsäften, biodynamischem Wein und frischem Biogemüse der Saison. Da könnte man leicht auf Zwanghaftigkeit tippen. Bei wem sich dagegen Wohlfühlgerichte wie vorgekochte Eintöpfe und Aufläufe sowie Reste vom Sonntagskuchen im Kühlschrank tummeln, der hat wahrscheinlich eine bequeme Bezugsquelle: Mutters Küche. Überspitzt könnte man sagen, dass sich die Menschheit in zwei Kategorien aufteilen lässt: In der einen Gruppe ist der Kühlschrank zu leer, in der anderen ist er zu voll.

In den Siebzigerjahren avancierte der Kühlschrank zum Statussymbol Nummer eins – und ist es in manchen Kulturkreisen und sozialen Schichten auch heute noch. In einer italienischen Komödie aus dem Jahr 1970 dreht sich in der ersten Episode alles um den Kühlschrank. Gavino und Adele, ein junges sardisches Ehepaar, haben sich einen riesigen 180-Liter-Kühlschrank vom Munde abgespart. Stolz führen sie ihn im Freundeskreis vor, denn er ist vorzeigbarer Beweis für den sozialen Aufstieg, macht die Not des Krieges vergessen und repräsentiert den Wirtschaftsboom der Sechziger. Es fehlt nur noch die letzte Rate, doch es kommt, wie es kommen musste: Gavino verliert das Geld, und der geliebte Kühlschrank droht, ihnen wieder weggenommen zu werden. Den beiden bleiben vierundzwanzig Stunden, um das Geld zu beschaffen. In ihrer Verzweiflung überlegen sie, dass Adele sich nur ein Mal prostituieren müsste, um das im Freundeskreis geneidete Objekt zu retten. Sie beschließen, einmal ist keinmal, und so verkauft Adele ihren Körper für zehntausend Lire. Als sich das Paar am Tag darauf zum Geschäft begibt, um die letzte Rate zu bezahlen, bleibt Adeles Blick beim Hinausgehen an einer wunderschönen Waschmaschine hängen – es ist Liebe auf den ersten Blick …

Unvergessen ist auch Marilyn Monroe in dem Film *Das verflixte 7. Jahr,* in dem die sexy Blondine ihre Unterwäsche in den Kühlschrank legt, um den unerträglich heißen New Yorker Sommer erträglicher zu machen – womit sie die Fantasie von Millionen Männern zum Kochen gebracht haben dürfte.

In der Design- und Modewelt entwickelt sich der Kühlschrank zu einer Art Kunstwerk. Während der Designer Lapo Elkann den Kühlschrank komplett in Jeansstoff hüllt, hat sich das Modeschöpferduo Dolce & Gabbana bei der Kreation ihrer hundert exklusiven bunten Kühlschrankverkleidungen für den Kühlschrankhersteller Smeg von der Poesie des sizilianischen Marionettentheaters *Teatro dei Pupi* inspirieren lassen.

Wie aber wird wohl der Kühlschrank der Zukunft aussehen? Äußerlich zum Kunstwerk stilisiert, wird sein Innenleben technisch immer weiter hochgerüstet. Bald wird uns unser Kühlschrank Nachrichten auf WhatsApp schicken: »Eric, vergiss nicht, Milch einzukaufen, es ist keine mehr da, Gruß, dein Kühlschrank.«

Die Geschichte des Kühlschranks ist eng an unsere Konsumgesellschaft gekoppelt. Sein Hauptzweck ist nach wie vor die Vorratslagerung, und was liegt da näher, als riesige Mengen einzukaufen? Je größer der Kühlschrank, desto größer die Versuchung, ihn vollzustopfen. Ist also der Kühlschrank mitverantwortlich für die Verschwendung von Lebensmitteln? Das zumindest glauben die Verfechter des guten alten Vorratsschranks. Sie warnen davor, Lebensmittel zu horten, und raten stattdessen zu frischen Produkten, die sofort verarbeitet werden. Was natürlich – kleiner Nachteil – täglichen Einkauf bedeutet. Demgegenüber stehen die glühenden Anhänger des Kühlschranks, die ihn in allen Varianten lieben – ob mit oder ohne viel Schnickschnack. Sie lassen sich hingebungsvoll von dem bläulichen Innenlicht hypnotisieren, sobald sie die Kühlschranktür öffnen. Ihre Hände lieben den Türgriff, ihre Haut den kalten Hauch, der ihnen entgegenweht, ihre Nase diese zarte, flüchtige Mischung von Gerüchen. Wenn sie spätabends nach Hause kommen, werfen sie noch kurz einen Blick hinein und entscheiden sich dann für einen halben Stängel Sellerie oder das Stück Himbeerkuchen vom Vortag. Für diese Liebhaber häuslicher Kälte kann der Kühlschrank nicht groß genug sein. Und sie zeigen ihn so freudig und stolz ihren Freunden, als wäre er der wohlgelungene Erstgeborene.

Fast jeder von uns ist mit einem Kühlschrank im Haushalt aufgewachsen. Und unser Verhältnis zur Nahrung hängt stark davon ab, ob er uns Freund war oder Feind.

Silvy lernte ich kennen, als ich mich auf ihre Alm begab, um für einen Artikel über den für jene Gegend typischen Bergkäse zu recherchieren. Die Alm lag recht hoch in den Bergen, und deshalb wunderte sich niemand wirklich, dass sie die Butter die meiste Zeit des Jahres draußen lagerte. Bei einem Melissentee mit Rhododendronhonig erfuhr ich, dass Silvys Vater bereits als junger Mann unter Rheumatismus und Gelenkschmerzen gelitten hatte. Silvys Mutter hatte ihm deshalb Packungen aus Heilkräutern und Schweinefett bereitet. Das Hausmittel half, allerdings waren Geruch und Anblick gewöhnungsbedürftig. Als Silvy sieben Jahre alt war, entdeckte sie die übel riechenden Packungen im Kühlschrank, und fortan verfolgte sie dieser Geruch die ganze Pubertät hindurch. Von da an war der Kühlschrank für Silvy kein Ort mehr, an dem man frische, appetitliche Lebensmittel aufbewahrte. Wann immer sie einen Kühlschrank öffnete und das Licht ansprang, hatte sie das Bild der übel riechenden Heilpackungen vor Augen. Wenn also unser Verhältnis zum Kühlschrank schwierig ist, gibt es fast immer einen Grund dafür.

Und es sind einige Menschen, die mit diesem Hausgerät nicht nur Positives verbinden. So ist er geradezu zum traurigen Symbol für Essstörungen geworden. Nicht alle persönlichen Dramen enden wie das von Renée Zellweger in *Bridget Jones – Schokolade zum Frühstück*, die ihr Leben umgekrempelt und sich so vom Kühlschrank-Albtraum befreien kann. Manche Experten raten Patienten mit Fressattacken, an ihrem Kühlschrank ein Vorhängeschloss anzubringen. Die brasilianische Vereinigung Meta Real hat das Virtual Fridge Lock erfunden, ein virtuelles Vorhängeschloss, das den Kühlschrank mit einem Alarm verbindet, den man vor dem Zubettgehen aktiviert; wenn einen dann mitten in der Nacht der Heißhunger überfällt, erscheint auf dem persönlichen Facebook-Profil sofort ein Eintrag.

Aber nicht nur unsere Persönlichkeit entscheidet darüber, was sich in unserem Kühlschrank befindet, sondern auch unsere Religionszugehörigkeit. Was also, wenn sich nicht nur Leute mit unterschiedlichen kulinarischen Vorlieben, sondern auch unterschiedlichen Glaubens einen Kühlschrank teilen? Jede Religion hat ihre eigenen Vorschriften, was Nahrungsmittel und Essen angeht. Und so gesellen sich zu den Differenzen zwischen Vegetariern, Veganern und Fleischessern die Unterschiede zwischen den Religionen.

Larah ist Jüdin, sie isst kein Fleisch von Schweinen, Kaninchen oder Pferden, und auch Krustentiere sind in ihrem Kühlschrank nicht willkommen, Geflügel dagegen schon. Außerdem darf sie nicht zugleich Fleisch und Milch verzehren, sie auch nicht zusammen kochen oder miteinander in Berührung bringen. Bemerkt sie ein Glas Milch und ein Lammkotelett im gleichen Kühlschrankfach, wird sie wütend. *Koscher* bedeutet, zum Verzehr »geeignet« oder »tauglich«, und ein praktizierender Jude wird die entsprechenden Regeln befolgen.

Amistha gehört dem islamischen Glauben an, und auch dort gibt es Regeln für das Schlachten von Tieren und entsprechende Gebote. Selbstverständlich nimmt sie Anstoß daran, wenn ihr Mitbewohner Schweinekoteletts am Stück kauft und im Kühlschrank lagert. Und nicht nur Schweinefleisch ist tabu, sondern jegliches Fleisch von Tieren, die nicht nach islamischen Gesetzen geschlachtet wurden und damit nicht *halāl*, also »erlaubt«, »zulässig« sind. Aru ist

Hindu, er lebt in Kalkutta. Angehörigen seiner Religion ist das Fleisch der Kuh verboten, doch oft ernähren sich Hindus aus Respekt vor anderen Lebewesen ohnehin vegetarisch oder vegan, wie im Übrigen auch viele Buddhisten.

Wenn also Angehörige unterschiedlicher Religionen zusammenleben, bleibt manchmal nur eins: am besten gleich zwei Kühlschränke zu erwerben, um der Ausübung unterschiedlicher religiöser Gebote genügend Raum zu bieten.

★

Es braucht keinen Psychologen, um festzustellen, dass der Kühlschrank viel über unseren Seelenzustand verrät.

Ist er bis oben hin mit Soßen, allerlei Käsesorten, Salami und Schinken, Fleisch, Würsten, Tiefkühlpizza und anderen Fertiggerichten vollgestopft, dann hortet da jemand Lebensmittel. Wer Vorräte lagert, gilt zwar gemeinhin als vorausschauend, aber wer für seinen Singlehaushalt Dutzende Tiefkühlgerichte aufbewahrt, ist zumindest leicht zwanghaft veranlagt.

Eine handfeste Zwangsstörung liegt dagegen vor, wenn wirklich alles aufgehoben wird – vom letzten Salami-Zipfel bis zu den zwei Löffeln Pasta-Soße, alles wird eingewickelt, in Gläschen abgefüllt oder eingefroren. Wenn dabei auch die Hygiene zu wünschen übrig lässt, und das auch für den Kühlschrankbesitzer selbst und den Rest des Haushalts gilt, dann kann es sein, dass man es mit dem sogenannten Diogenes-Syndrom zu tun hat, auch als »Vermüllungssyndrom« bekannt.

Eine Freundin, die an diesem Problem litt, habe ich aufgefordert, jeden Tag fünf Dinge zu entsorgen, damit ihr erwachsener Sohn sich nicht bald weigern würde, bei ihr zu essen. Ein ganzes Wochenende lang war sie wie gelähmt von der Angst vor der Entscheidung, was sie wegwerfen sollte, und kam zu keinem Ergebnis. Wenn das Horten krankhafte Züge annimmt, verwechselt man oft funktionale Aspekte des eigenen Handelns – zum Beispiel, Lebensmittel in den Kühlschrank zu räumen, damit sie frisch bleiben – mit ethischen, wie etwa nichts zu verschwenden und möglichst viel wiederzuverwenden.

In die Kategorie tief verwurzelter Ängste gehören auch alle Arten von Abhängigkeitsstörungen, die meist mit Vermeidungsstrategien daherkommen. Die Betroffenen begeben sich komplett in die Abhängigkeit von anderen, um so dem eigenen Leben aus dem Weg zu gehen. Sie nehmen sich als wertlos und unfähig wahr und umschiffen alle Aufgaben oder neuen Aktivitäten, um kein Risiko auf sich zu nehmen. Ihr Mangel an Selbstwertgefühl schlägt sich auch im Kühlschrankinhalt nieder.

Ein Fall für sich sind die Paranoiker. Diese leiden an Wahnvorstellungen und ausgeprägtem Kontrollzwang. Ich kannte einmal jemanden, der sich vor seinem Kühlschrank eine kleine Kamera hat installieren lassen, um alle Vorgänge genau zu verfolgen. Wer unter Paranoia leidet, wird seine Einkäufe nicht neben denen von anderen im Kühlschrank lagern – aus Angst, dass jemand sie vertauscht, vergiftet oder auch nur berührt und damit ungenießbar macht. Er wird im Kühlschrank also sein eigenes Fach für sich beanspruchen. Dahinter steckt ein tiefes Misstrauen gegenüber dem sozialen Umfeld, was engste Angehörige durchaus mit einschließt. Dann sind da noch die emotional instabilen Persönlichkeiten. Hierzu gehören Menschen mit Borderlinesyndrom oder mit antisozialer, narzisstischer, dissozialer oder histrionischer Persönlichkeitsstörung. Menschen mit Borderlinesyndrom haben mit extremen Stimmungsschwankungen zu kämpfen, und in Phasen höchster Euphorie ist ihr Kühlschrank prallgefüllt mit Leckereien aller Art, während dort in den Phasen tiefer Depression vielleicht nur ein paar traurige Flaschen Bier und zwei, drei eingeschweißte Scheiben Wurst zu finden sind. Ihre Selbstwahrnehmung ist ebenso labil wie es ihre Gefühlszustände, ihr Sozialverhalten und ihre Beziehungen zu anderen sind. Da innere Leere und Wut oft durch Essen kompensiert werden, sind die Kühlschränke von Borderlinern oft gut gefüllt und Essstörungen keine Seltenheit.

Der Narzisst hingegen würde sich am liebsten einen Spiegel in der Kühlschranktür anbringen lassen, um sich bei jedem Öffnen zu bewundern. Er fühlt sich allen und allem überlegen, braucht immer Bewunderung und hat wenig Mitgefühl mit anderen. Sein überhöhtes Selbstwertgefühl lässt ihn im Supermarkt schamlos nach vorne drängeln, denn er ist überzeugt, dass er ein Recht auf Sonderbehandlung hat.

Und zu guter Letzt gibt es noch die Menschen, die unter einer dissozialen Persönlichkeitsstörung leiden. Ihre Frustrationstoleranz ist sehr niedrig, und mitunter zeichnen sie sich durch gewalttätiges und feindseliges Verhalten aus. Zu dieser Gruppe gehören Zeitgenossen, die an jeder Kasse Streit anzetteln, sich leicht zu beleidigenden Äußerungen hinreißen lassen und für die Schuldgefühle oder Reue Fremdwörter sind. Sie schieben gerne anderen die Schuld für alles in die Schuhe. In ihrem Kühlschrank befindet sich oft mehr harter Alkohol als Lebensmittel.

Sie fühlen sich nach der Lektüre dieses Kapitels verwirrt und erkennen sich in fast jedem Persönlichkeitsprofil wieder? Sie leiden unter mindestens der Hälfte der beschriebenen Symptome und haben wenigstens drei Ihrer Freunde und Bekannten als schwer persönlichkeitsgestört identifiziert? Machen Sie sich keine Gedanken, wahrscheinlich leiden Sie einfach nur unter

einer unbedeutenden Phobie, die nicht patholo-
gisch ist. Aber Ihnen ist sicher eine Sache klar geworden: Ihr Kühlschrank und dessen Inhalt sagt
vielleicht mehr über Sie aus, als Sie bisher dach-
ten!

Luft

Wenden wir uns den Regalen und Hängeschränken zu, also all dem, was sich in der Küche oberhalb unserer Gürtellinie befindet. Willkommen im Element Luft!

Nach der klassischen Lehre ist das Element Luft dem Element Erde übergeordnet. In der Philosophie rangiert es gleich hinter dem Feuer an zweiter Stelle. Das Element Luft befindet sich zwischen der materiellen und der spirituellen Welt und ist das Bindeglied zwischen den höheren und den niederen Sphären. Damit sich unsere Küche in dieses Schema fügt, muss sie gut durchlüftet sein.

Luft ist für uns lebensnotwendig, sie spendet Energie und sollte frei und ungehindert fließen können. Sie verkörpert die Energie der Gedanken. In der Yogalehre heißt sie *prana*. Wer diesem Element in seiner Küche zu wenig Beachtung schenkt, wird an seiner Küche nie wirklich Freude haben.

Luft ist eng mit dem Licht verwandt. Lassen Sie also beides, Luft und Licht, in Ihre Küche und sorgen Sie so für ein neues Verhältnis zu diesem Raum. Das Element Luft spielt beim Schaffen einer neuen Ordnung eine wichtige Rolle. Machen Sie in Ihrer Küche alle Fenster weit auf und schaffen Sie in den Schränken und auf den Vorratsregalen Platz für die Lebensmittel, die Sie dort lagern wollen. Lassen Sie Ihre Gedanken ungehindert durch den Raum wandern.

Auf meiner Reise durch unterschiedlichste Küchen habe ich festgestellt, dass Menschen mit einem unkomplizierten Verhältnis zum Essen und zu ihrer Umgebung ihre Küche regelmäßig durchlüften und dafür sorgen, dass sie genügend Tageslicht hat. Luft und Licht hereinzulassen, bedeutet, die Außenwelt hereinzulassen. Menschen mit psychischen Problemen und Phobien dagegen, die eher misstrauisch und ängstlich veranlagt sind, halten Fenster und Vorhänge gerne geschlossen und nutzen selbst am Tag künstliche Beleuchtung. Die Küchen dieser Menschen sind oft chaotisch und schmutzig.

Also: Öffnen Sie die Fenster, selbst wenn draußen Minusgrade herrschen, und lassen Sie die reinigende Kraft des Lichts herein! Abgestandene, verbrauchte Luft und Feuchtigkeit sind die schlimmsten Feinde Ihrer Wohnung und Ihrer Gesundheit – beides begünstigt unansehnlichen und unhygienischen Schimmel. Lüften Sie deshalb zweimal am Tag gut durch. Ganz nebenbei werden so auch negative Gedanken, die um sich selbst kreisen und ungesundes Grübeln fördern, einfach weggepustet. Übrigens hängen weder in meiner Küche auf dem Land noch in jener in der Stadt (letztere teile ich mit meinem Lebensgefährten) Vorhänge. Ebenso wenig in meinem Häuschen am Meer. Ich bin strikt gegen Vorhänge, denn ich möchte, dass meine Küchen licht- und luftdurchflutet sind.

Aber kehren wir zurück zum Aufräumen. Um Hängeschränke und Vorratsschrank auf Vordermann zu bringen, müssen sie zunächst einmal frisch und sauber sein. Räumen Sie also alles komplett aus und legen oder stellen Sie alles, was Sie darin finden, auf den Tisch. Kontrollieren Sie bei der Gelegenheit gleich das Mindesthaltbarkeitsdatum der einzelnen Lebensmittel und entsorgen Sie Überfälliges sofort.

Haben Sie Motten? In der Regel sind Mehl und andere Getreideprodukte befallen, aber kontrollieren Sie auch Trockenfrüchte, Süßwaren, Tiernahrung etc., ob sich dort Ungeziefer eingenistet hat. Entsorgen Sie dann die befallenen Lebensmittel, aber bitte außerhalb des Hauses, damit Sie auch die Eier der Motten loswerden.

Jetzt können Sie Ihre Hängeschränke und den Vorratsschrank gründlich reinigen und desinfizieren. Saugen Sie dazu zuerst einmal alle Ritzen und Ecken sorgfältig aus, dann können Sie alles gründlich auswischen. Ich verwende dazu ein selbst hergestelltes Reinigungsmittel nach einem Rezept meiner Großmutter:

warme Seifenlauge
Weinessig
eine der folgenden Duftessenzen: Minze,
Zitronengras, Eukalyptus, Teebaumöl

Geben Sie die fertige Mischung in einen Sprühbehälter und beginnen Sie mit der Reinigung.
Nach getaner Arbeit legen Sie noch ein paar Lor-
beerblätter in Ihren Vorratsschrank.

Es schwirren immer noch ein paar der kleinen Biester herum? Dann verstauen Sie alle Vorräte in gut verschließbaren Behältern aus Glas
oder Kunststoff, wozu ich Ihnen ohnehin in
jedem Fall raten würde.

Vorräte organisieren

Lassen Sie mich Ihnen kurz schildern, was in
einer Küche passiert, in der Ordnung herrscht
und in der ich das Zepter in der Hand habe.

Ich komme in die Küche und sehe auf dem
Notizblock an der Wand, dass fast keine Linsen
mehr da sind. Ein Blick in den Vorratsschrank –
stimmt. Ich kaufe Linsen, fülle sie in einen Glasbehälter um, schneide das Etikett aus der Verpackung aus und klebe es auf den Behälter, den
ich hinter den fast leeren stelle. Ganz schön um-

ständlich, finden Sie? Auf den ersten Blick vielleicht, aber das ist nichts im Vergleich zu der
Zeit, die Sie von nun an einsparen.

Genauso verfahre ich mit Pasta, Reis, Hülsen-
früchten, Konserven, Süß- und Getreidewaren
wie Müsli etc.

Hier wieder ein Beispiel aus meiner Berater-
praxis: Marion lebt allein und kann sich seit Kur-
zem endlich eine Zweizimmerwohnung weit
weg von ihrer Mutter leisten: »Ich habe mich nie
um den Haushalt kümmern müssen. Woher soll
ich wissen, was ich an Vorrat brauche? Was gehört in einen perfekten Vorratsschrank, sodass
ich für alle Fälle gerüstet bin?« Man kann dieses
Wissen tatsächlich nicht einfach voraussetzen.
Die Freunde meines Sohnes, die eine Studen-
ten-WG gründen wollen, stellen mir die gleiche
Frage: Was gehört in einen gut bestückten Vorratsschrank?

Damit Sie auch bei einem abendlichen Spon-
tanbesuch etwas Leckeres auf den Tisch bringen
können, hier eine Liste mit unverderblichen Lebensmitteln, die als Grundausstattung in jeden
Haushalt gehören: feines und grobes Salz, Zu-

cker, Mehl, Backpulver, Trockenhefe, Vanille-
stangen, Olivenöl und/oder andere Pflanzen-
öle, Backöl, zwei Sorten Essig (Weinessig und
Balsamico). Außerdem: Konserven nach Belie-
ben (gehackte Tomaten, Thunfisch, Lachs oder
Makrele, Hülsenfrüchte wie Kichererbsen, Linsen oder Erbsen, in Öl und/oder Essig eingeleg-
tes Gemüse, Oliven etc.). Reis, drei oder vier
verschiedene Sorten Pasta, Cracker, Knäcke-
brot (Brot sollte man immer frisch kaufen oder
einfrieren), normaler und entkoffeinierter Kaffee, verschiedene Tees, Kakao, ein paar Gläser
Marmelade, Honig, Ihre Lieblingscornflakes
und Müslis fürs Frühstück, H-Milch (frische ist
natürlich besser, haltbare Milch ist nur für den
Notfall), Zwieback, Kekse, eine Tafel Schokolade. Dazu Kräuter und Gewürze wie Pfeffer,
Muskatnuss, Zimt.

Und natürlich dürfen auch Ihre Lieblingsle-
bensmittel nicht fehlen. Falls Sie an Unverträg-
lichkeiten oder Allergien leiden, sortieren Sie
alle Lebensmittel aus, die Sie nicht vertragen,
und ersetzen Sie sie durch entsprechend alterna-
tive Produkte.

Damit haben Sie einen gut sortierten Vorratsschrank. Vergessen Sie nicht, Ihre Familienmitglieder oder Mitbewohner daran zu erinnern, dass sie alles, was zur Neige geht, auf die Einkaufsliste (die beispielsweise in einer Schranktür hängt) setzen. Und zwar auch dann, wenn sie es gerade furchtbar eilig haben oder mit ihren Gedanken woanders sind. Und es gibt noch eine zweite Regel: Wenn Sie nicht gerade mit einer Rugbymannschaft zusammenleben oder eine Großfamilie zu bekochen haben, genügt es, wenn Sie jedes Lebensmittel in zweifacher Ausführung vorrätig haben. Falls Sie sich von einem Produkt wirklich einmal einen Vorrat anlegen wollen (etwa weil es gerade im Angebot ist), dann wählen Sie für die Lagerung einen gesonderten Ort (wie einen weiteren Vorratsschrank). Das geht natürlich nur, wenn Sie den entsprechenden Platz haben.

»Ich hatte gerade keine Zeit« oder »mein Handy hat geklingelt« sind keine Entschuldigung für Nachlässigkeit bei der Vorratshaltung. Wenn man Sie zum Küchenboss ernannt hat, müssen Sie mit gutem Beispiel vorangehen.

Haben Sie etwas Geld übrig, und wollen Sie Ihre Küche ein wenig nachrüsten? Dann bauen Sie in Ihren Vorratsschrank voll ausziehbare Schubfächer und Körbe anstelle der Regalböden ein. So kommen Sie leicht und schnell an alles heran.

Der Vorratsschrank:
Ein Bild der Harmonie

Im Vorratsschrank findet all das Platz, was auch ungekühlt haltbar und für den täglichen Verbrauch bestimmt ist: Pasta, Reis, Zucker, Mehlsorten, Kekse und so weiter. Ein Vorratsschrank lässt sich ähnlich organisieren wie ein Kleiderschrank. Breiten Sie also zunächst einmal alle Lebensmittel auf dem Tisch aus und sortieren Sie sie nach Gruppen – Pasta, Reis, Mehl, Konserven etc. Und nun?

In den vielen Jahren, in denen ich mich mit fremden Küchen und auch mit meiner eigenen befasst habe, ist mir bewusst geworden, dass die

Art und Weise, wie jemand Lebensmittel und Neueinkäufe im Vorratsschrank verstaut, so einiges über seine Persönlichkeit verrät. Denn jeder folgt dabei bewusst oder unbewusst einer inneren Ordnung. Mir gefällt die Vorstellung, dass zwischen den Elementen unseres Ichs und den Bereichen im Vorratsschrank ein assoziativer Zusammenhang besteht: Gefühle/Herz – Verstand/Kopf – Instinkt/Bauch. Dazu habe ich mit einer Gruppe von Personen ein Experiment durchgeführt (das keinen Anspruch auf Wissenschaftlichkeit erhebt) und etwas Interessantes herausgefunden:

Marta ist sehr schlank und sportlich und hat kein Problem mit dem Gewicht. »Wohin würdest du Nutella, Schokolade und Marmelade räumen?«, frage ich sie. »In Griffweite, damit ich fürs Frühstück und für Zwischendurch alles zur Hand habe, was mir Energie gibt«, antwortet sie. Cesare, fünfundzwanzig und von Beruf Handelsvertreter, und Giovanni, ein begeisterter Radfahrer, teilen Martas Meinung.

Als ich Luisa, die immer gegen überflüssige Pfunde ankämpft, die gleiche Frage stelle, antwortet sie: »Ganz nach oben! Ich habe meine Mutter gebeten, Süßes so weit wie möglich nach oben zu räumen, damit ich erst auf einen Stuhl klettern muss, wenn mich Heißhunger auf Schokolade und Co. überfällt.« Das Gleiche sagt auch Medizinstudent Daniele, der hinzufügt: »Gewichtsprobleme habe ich keine, aber zu viel Zucker schadet der Gesundheit … Ich kann meinen Mitbewohnern nicht verbieten, Süßes zu kaufen, aber ich möchte es lieber aus den Augen haben.«

Angela ist eine liebenswerte neunzigjährige Dame, klar bei Verstand, weise und lebenslustig. »In Griffweite bewahre ich meine Medizin auf. Ich lege alles in ein Weidenkörbchen, so weiß ich, dass es an seinem Platz ist. Warum in der Küche? Weil ich meine Medikamente fast alle vor den oder während der Mahlzeiten einnehmen muss, da liegt dieser Ort nahe.« Angela bewahrt ihre Medikamente in weiser Voraussicht in der Höhe ihres Herzens auf.

»Ich koche für mich und meine Kinder täglich Pasta und bewahre deshalb die Packungen auf den Regalen in Brusthöhe auf. Gleich neben den Tomaten und den Soßen, die ich mit meiner Mutter eingeweckt habe«, erklärt Giovanna. Alles, was ihr Herz begehrt, lagert Giovanna auf Brusthöhe.

Wie wir an diesen Beispielen sehen können, lassen sich keine festen Regeln aufstellen, wo man was am besten unterbringt. Wenn Sie zum Beispiel Kinder im Haus haben, sollten diese an das Regal mit den Frühstücksflakes oder Süßigkeiten für Zwischendurch herankommen. Es fördert ihre Selbstständigkeit. Aber Vorsicht – es ist Ihre Aufgabe, den Kindern beizubringen, was sie wann und in welchen Mengen konsumieren dürfen! Wenn Sie Ihre Sprösslinge hingegen vor Versuchungen bewahren wollen, sollten Sie Süßes etc. in Kopfhöhe aufbewahren, also im oberen Regalbereich. Merken Sie sich einfach folgende Faustregel: Lebensmittel, die man häufiger benutzt, sollten Sie in Griffweite aufbewahren. Je seltener man etwas braucht, desto weiter kann es von Brusthöhe und Herz entfernt verstaut werden.

Utensilien und Lebensmittel übersichtlich und platzsparend aufbewahren

Ein Klassiker unter den Ordnungshelfern ist die Küchenleiste für Utensilien aller Art. Sie ist ein wahrer Tausendsassa: Vom Kochlöffelköcher bis zum Gewürzbord, vom Küchenrollenhalter bis zu Körbchen verschiedener Größen für Kleinstteile – nahezu alles lässt sich an ihr aufhängen. Küchenleisten gibt es in allen erdenklichen Ausführungen und Farben und aus den verschiedensten Materialien – im Idealfall passt sie natürlich zum Stil Ihrer Küche. Bringen Sie die Leiste jedoch nicht direkt über dem Herd an, wenn Sie nicht wollen, dass bald alles von einem klebrigen Film überzogen ist.

Falls Ihre Arbeitsplatte groß genug ist, können Sie auch dort einen Platz für Behälter oder Körbchen für kleine Küchenhelfer reservieren.

Auch Schranktüren eignen sich hervorragend, um unauffällig Stauraum zu schaffen: Bringen Sie an den Innenseiten verstellbare Gitter mit regulierbaren Fächern für verschiedene Behältnisse an.

Auch die guten alten Küchenhaken für Geschirrtücher und Topflappen sind wahre Ordnungswunder. Falls Sie keine Löcher in die Kacheln bohren wollen, verwenden Sie Saugnapfhaken. Wändeschonend sind außerdem Magneten – damit lassen sich Behälter in allen möglichen Formen und Größen an Wänden oder Schrankwänden anbringen. Ich habe zum Beispiel ein Magnet-Gewürzbord entdeckt: Damit Sie jedes Gewürz schnell finden, kleben Sie ein Etikett mit dem Namen auf das jeweilige Gefäß und ordnen die Behältnisse alphabetisch an. Für alle, die beim Kochen nebenbei auf Ihrem Tablet nach Rezepten stöbern wollen, gibt es den praktischen Tablet-Halter, damit das Gerät beim Rühren nicht ins kochende Pasta-Wasser fällt oder Spritzer abbekommt. Den Möglichkeiten, die uns Magnete ordnungstechnisch bieten, sind kaum Grenzen gesetzt: Die Palette reicht vom magnetischen Halter für Messer und andere Küchenutensilien aus Metall über magnetische Flaschenöffner bis hin zum Küchenlappen mit Magnet (setzen Sie nur nicht zu viele davon ein, sonst ist das nächste Durcheinander vorprogrammiert). Sogar eine Flaschenbürste mit Magnet habe ich gefunden. Dank dieser Bürste kommt bei mir eine alte Karaffe aus Kristallglas, die leider eine sehr enge Öffnung hat, nach Jahren endlich wieder zum Einsatz.

Der Bereich der Küche, den wir dem Element Luft zuordnen, eignet sich außerdem für Aufbewahrungssysteme, die Sie sich bitte nur dann anschaffen sollten, wenn Sie eine geräumige Küche haben. Wie zum Beispiel den Wandhalter für Weingläser, der mehr Platz im Schrank lässt.

Lassen Sie mich zu guter Letzt noch eines meiner Lieblingsobjekte anführen, das buchstäblich in jede Ecke passt, sich in der Küche frei bewegen lässt und auch ganz einfach mal ins Wohn- oder Esszimmer wandern kann: der gute alte Teewagen. Damit ist alles, was Sie brauchen, stets übersichtlich geordnet und in Griffweite. Einige Modelle lassen sich in einen kleinen Tisch verwandeln – ideal, um dort, wenn Sie Gäste haben, Wein oder Teller für den nächsten Gang zwischenzulagern.

Schubladen und Wandregale

Schubladen können zum Albtraum werden. Ich habe schon viele Küchen gesehen, in denen im Küchenschrank alles penibel aufgeräumt war, in den Schubladen aber Chaos herrschte. Schubladen verführen dazu, sie zu voll zu stopfen.

Im Idealfall steht uns für jedes Segment – Wasser, Luft, Feuer und Erde – eine Schublade zur Verfügung, in der sich alle Utensilien unterbringen lassen, die wir dem jeweiligen Element zuordnen.

Ist eine Schublade sehr geräumig, denken wir begeistert: Wunderbar, da passt alles rein. Und bringen dort wahllos alles Mögliche unter. Um also Schubladenchaos zu vermeiden, unterteilen Sie die Schublade am besten in einzelne Fächer. Dazu eignen sich Deckel von Pappkartons, Behälter aus recyceltem Plexiglas (bei den Studienkollegen meiner Kinder sehr beliebt) oder im Handel erhältliche Schubladeneinteiler. Letztere gibt es in allen Preislagen, von der günstigen Kunststoffvariante bis hin zu jenen aus aufwendigeren und teureren Materialien. Für die

Messer, die besser nicht lose in der Schublade liegen sollten, gibt es formschöne Messerfächer aus Buchenholz, das die Schneideflächen schont, oder Messerblöcke aus Bambus, bei denen die Messerschneiden zwischen die einzelnen Lamellen geklemmt werden, sodass nichts mehr herumfliegen kann. Aber: Falls Sie Trennfächer im Internet kaufen wollen, messen Sie die Schubladen vorher genau aus.

Wandregale mit dekorativen Behältnissen für Lebensmittel erfreuen sich großer Beliebtheit. Oft sind das Glasgefäße (sehr praktisch, weil man sieht, was drin ist), aber auch Behältnisse aus anderem Material. Allerdings sind Wandregale nur dann ein hübscher Anblick, wenn in Form und Farbe alles zusammenpasst. Wählen Sie Glasbehälter und Vasen also dementsprechend aus.

Und lassen Sie sich nicht dazu verführen, am Ende wirklich alles in Sichtweite aufzubewahren. Vorrangiges Ziel sollte immer sein, möglichst viel in den Schränken unterzubringen und nicht außerhalb.

Wie auch immer, ich bin ein großer Freund von fest verschließbaren Vorratsgläsern, denn sie sind vielseitig einsetzbar und umweltfreundlich. Hier nur ein kleiner Tipp: Versehen Sie sie mit beschrifteten Etiketten. Diesen Trick habe ich mir bei einer alten englischen Dame mit einer märchenhaften Küche im viktorianischen Stil abgeguckt: Zuerst hielt ich das Etikettieren für viel zu aufwendig, doch mit der Zeit erkannte ich, wie hilfreich es ist. Sie können auch einfach die Produktbezeichnung aus der Verpackung ausschneiden und mit ins Gefäß legen. Mir persönlich gefällt es allerdings besser, die Etiketten selbst zu gestalten – da können Sie Ihrer Kreativität freien Lauf lassen.

Generell werden Wandregale schnell zur Falle für alle, die sich mit dem Ordnunghalten schwertun: ein kaputtes Einweckglas, ein Notizblock, eine verstaubte Weinflasche, eine alte Bonbondose – und schon ist aus dem Wandregal ein unansehnlicher Sammelplatz für Ausrangiertes geworden. Um das zu vermeiden, halten Sie sich an folgende Regel: Bleiben Sie bei einem Stil. Eine grüne Glasvase, eine Dose im Vintage-Stil, ein vergoldeter Rahmen und ein Keramikteller mit Blumenmuster haben nebeneinander nichts zu suchen. Wenn wir aber grüne Glas- und Keramikgefäße in unterschiedlichen Größen und dazu eine immergrüne Pflanze auf unser Wandregal stellen (vielleicht legen wir auch noch zwei grüne Küchentücher dazu), entsteht ein harmonisches Bild. Oder geben Sie Ihrem Regal mit einer kleinen Sammlung goldfarbener Rahmen und Dosen eine persönliche Note. Wichtig ist nur, dass die Gegenstände einen gemeinsamen Nenner haben. Verzichten Sie also bitte auf den Gewürzhalter mit Blumenmuster auf der Edelstahlablage einer Hightechküche.

Nach Möglichkeit stehen auf meinem Wandregal auch immer ein paar Bücher mit Kochrezepten. Aber bitte nicht zu viele. Ein mit Kochbüchern vollgestopftes Regal ist kein schöner Anblick. Und platzieren Sie die Bücher außerdem außerhalb der direkten Herdzone, damit sie nicht verschmutzen.

Fassen wir noch einmal zusammen: Zusammenstellen, was zusammenpasst, und nicht einfach kunterbunt zusammenwürfeln, lautet das Motto. Diese Regel gilt natürlich auch für die geschlossenen Küchenschränke und den Vorratsschrank. Teller gehören zu Tellern, Deckel zu Deckeln, Tischtücher zu Tischtüchern, Konserven zu Konserven, Öl und Essig zu Pfeffer und Salz und so weiter und so fort...

Doch Vorsicht! Küchengeräte und Utensilien gehören nach Zweck und Funktion sortiert, Dekorationsgegenstände dagegen nach Form und Farbe. So werde ich kaum einen Topf und einen Lappen am gleichen Ort aufbewahren, nur weil beide rot sind. Erst kommt die Funktion, dann das Aussehen. Beherzigen Sie dieses Prinzip, vor allem, wenn Sie Ihre Küche neu einrichten. Giovanna hat bei ihrem Mann einen Aufstand gemacht, weil die Bezüge auf den Küchenstühlen unbedingt einen speziellen Cremeton haben mussten – nach einem Vierteljahr musste sie sie neu beziehen.

Wasser

In der Esoterik wird dem Element Wasser besondere Bedeutung beigemessen. Es gilt als Quell des Lebens und steht für Erneuerung und Regeneration. In der Tiefe unserer Erde durchläuft es die Erd- und Gesteinsschichten und kommt dann mit Energien aufgeladen an die Oberfläche. Vorhin haben wir schon kurz über das Reinigen mit Wasser gesprochen. Gerade in einer neuen Küche, in der wir uns noch nicht zu Hause fühlen, können uns kleine Rituale dabei helfen, uns schnell in die neue Umgebung einzugewöhnen.

Es ist kein Zufall, dass ich immer dann, wenn das Leben mich mal aus der Bahn wirft, zu einem Lappen greife und Fenster putze oder auf den Knien die Bodenfugen schrubbe. Unter normalen Umständen würde mir so etwas nicht in den

Sinn kommen. Aber ich bin kein Einzelfall: Viele von uns fangen bei nervlicher Belastung an, wie wild zu putzen. Wasser, Schrubber und Scheuerlappen wirken wie Medizin gegen Angst. Und ganz nebenbei hilft ein Küchenputz auch beim Abnehmen – wenigstens laut einer Studie des Food and Brand Lab der Cornell University. Dort wurde das Verhalten von achtundneunzig Frauen analysiert, die man zuvor in zwei Gruppen aufgeteilt hatte: Die erste Gruppe hielt sich in einer schmutzigen Küche auf, die zweite in einer sauberen und aufgeräumten. Das Ergebnis: In einer chaotischen Küche neigt man dazu, mehr zu essen als in einer aufgeräumten. Wenn Sie also abnehmen wollen, sollte der Ort, an dem Sie essen, aufgeräumt sein – vor allem in Stresssituationen. Das Experiment stützt damit auch eine meiner Theorien: In meiner Küche ist es chaotisch und schmutzig? Und ich? Wie sieht es in mir aus? Vergessen Sie nicht, dass man sich früher oder später seiner Umgebung anpasst.

Leider macht in vielen Küchen gerade der Bereich um das Element Wasser einen wenig ansprechenden Eindruck. Da gibt es so einiges zu bemängeln: Läufer in den unterschiedlichsten Farben und Formen vor der Spüle; hässliche Abtropfgitter für Teller und Besteck; um das Becken verstreute Putzschwämme und Spüllappen; rutschfeste Matten in den Spülbecken, die sich mit der Zeit in wahre Bakterienkolonien verwandeln.

Die Lösung: Bringen Sie an den Innenseiten der Schranktüren rund um das Spülbecken Haken mit Magneten oder Saugnäpfen an und hängen Sie Ihre Utensilien dort auf. Der Behälter für den Putzschwamm findet zwar oft auch direkt über der Spüle einen Platz, ästhetischer aber ist es, wenn er ganz aus dem Blick verschwindet.

Ich weiß: Das Abspülen am Abend ist manchmal eine Plackerei. Aber auch hier gibt es einen Trick: Füllen Sie den größten der Töpfe, die Sie beim Kochen im Einsatz hatten, mit warmem Wasser. Geben Sie ein paar Spritzer Spülmittel hinein und legen Sie das schmutzige Geschirr und Besteck sofort nach Gebrauch ins warme Wasser. Nach dem Essen müssen Sie dann alles nur noch einmal kurz unter den Wasserhahn halten und ins Abtropfgitter stellen. Falls Sie eine Spülmaschine haben, beladen Sie diese noch am Abend. So kommen Sie am nächsten Tag in eine aufgeräumte Küche und können ihren Familienmitgliedern, die dort zum Frühstück auftauchen, gut gelaunt einen guten Morgen wünschen. Nutzen Sie also die Zeit zwischen Abendessen und Zubettgehen für einen Spülmaschinengang.

Wenn die Spüle zu klein ist, um das abgespülte Geschirr und Besteck zum Trocknen abzustellen, besorgen Sie sich ein speziell für kleine Küchen konzipiertes Abtropfgitter mit Auffangschale. Leider sind Abtropfgitter im Allgemeinen kein schöner Anblick, es sei denn, Sie wollen in eine Designervariante investieren.

Und auch die Spülbecken sind nicht immer eine Augenweide: In Ritzen und Ecken sammelt sich schnell Wasser, wodurch unschöne Kalkablagerungen entstehen, und setzen sich Schmutz und Fett fest. Achten Sie daher beim Kauf einer neuen Küche darauf, dass sie möglichst wenig Zwischenräume hat. Dichten Sie andernfalls alle Ritzen mit Silikon ab.

Ein wunder Punkt für jeden, der Ordnung

halten will, ist der Spülenunterschrank. Nach dem Motto, aus den Augen, aus dem Sinn, wird dort einfach alles Mögliche hineingeworfen und sich selbst überlassen. Das Ergebnis: Schimmel, üble Gerüche von den Müllbehältern, chaotisches Durcheinander von Reinigungs- und Spülmitteln, gammelige, alte Putzschwämme. Dabei ist dieser Stauraum für eine funktionierende Küche unbezahlbar. Organisieren Sie also den verfügbaren Platz so, dass alles schön übersichtlich und jederzeit griffbereit ist. Lassen Sie sich dabei, wenn nötig, mit Rat und Tat helfen. Ein herausziehbarer Drahtkorb für Reinigungsmittel zum Beispiel ist schon einmal ein erster Schritt in die richtige Richtung.

Studienfreunde meines Sohnes sind auf eine wirklich tolle Idee gekommen, um in ihrer Miniküche zusätzlichen Stauraum zu schaffen. Sie haben einfach die Metalldeckel von Marmeladen- oder Einweckgläsern mit drei Schrauben an der Unterseite von Regalböden angebracht, an die die dazugehörigen Gläser einfach angeschraubt werden können. In den Gläsern lässt sich alles unterbringen, was nicht gekühlt werden muss – Gewürze oder auch kleine Utensilien. Eine optimale Lösung für eine spartanische Küche.

Der Abfall

Mal ehrlich: Wer denkt beim Einrichten eines neuen Zuhauses schon an den Müll? Unsere Großeltern machten sich nicht groß Gedanken um das bisschen, das sie wegwarfen. Auf dem Land fand vieles, was bei uns heute im Müll landet, noch für Vieh oder Garten Verwendung. In der Stadt dagegen wanderte alles in ein stinkiges Kippfach. Davon gab es in Mietshäusern auf jedem Stockwerk eines – das Geräusch des Müllsacks, der von dort seine Reise nach unten in den Keller antrat, löste in mir immer die Vorstellung von sich auftürmenden Säckebergen in den unteren Gefilden unseres Hauses aus. In der Stadt war Abfall für mich etwas Feindliches. Ganz anders dagegen auf dem Land, in den langen Sommern bei meiner Großmutter in Ligurien: Hier düngte der Kaffeesatz die Azaleen; Plastiktüten wurden in Streifen zerschnitten, dünn wie Wollfäden, und verwandelten sich in den Händen meiner Großmutter in Deckchen und Taschen; die Kerngehäuse von Äpfeln waren eine wichtige Zutat zum Eindicken von Marmelade. Einmal sagte meine Großmutter zu mir: »Weißt du, was wir mit der sauren Milch machen? Die wärmen wir ein wenig auf, träufeln sie auf einen Wattebausch, und dann polieren wir damit die Lederhandschuhe. Und danach bringen wir auch noch deine Lackschuhe auf Hochglanz: Wir tauchen einen Lappen in kalte Milch und gehen damit über deine Schuhe, und anschließend polieren wir sie noch mit einem Wolltuch nach.« Überlegen Sie sich doch künftig einmal, ob Ihre Abfälle nicht vielleicht doch noch zu etwas gut sind – und entsorgen Sie sie erst dann, wenn Ihnen wirklich nichts mehr einfällt.

Wir müssen lernen, achtsam und unvoreingenommen mit unserer Umwelt umzugehen und Abfälle nicht von vornherein als etwas Negatives, Schädliches und Nutzloses wahrzunehmen. In der Küche wird Abfall meist in Fußbodennähe gesammelt und aufbewahrt, dem Bereich, den wir mit Schmutzigem, Verderblichem assoziieren; im Gegensatz dazu ordnen wir alles, was sich oben befindet, dem Edlen und Schönen zu.

Aber was verbinden wir eigentlich mit Abfall? Für viele von uns ist Abfall ein Synonym für die unangenehmen Begleiterscheinungen des Lebens, für Schuldgefühle, Sorgen, Ängste, Unsicherheiten und schlechte Angewohnheiten wie Selbstmitleid oder kindisches Verhalten.

So sprechen wir auch bei negativen Gefühlen und Gedanken von geistigem und seelischem Ballast oder Müll. Und erst wenn wir uns unserer negativen Gefühle und Gedanken bewusst sind, können wir aktiv etwas dagegen unternehmen. Wenn wir das nicht tun oder es uns nicht gelingt, werden sie uns weiterhin in unserer Kreativität und Spontaneität behindern.

Indem wir unseren Geist und unsere Seele von den »Schlacken« befreien, machen wir den Weg frei für Edles und Erhabenes. Dieses Prinzip können wir auch auf unsere Küche übertragen – wir müssen nur lernen, Abfälle mit anderen Augen zu betrachten. Denn sie schaffen nicht nur Platz für Neues, sondern lassen sich durch Recycling sogar in etwas Neues verwandeln. Vor allem organische Abfälle sind vielseitig wiederverwertbar. Zum Beispiel als Dünger: ob für Ihren Topfrosmarin oder Ihr Veilchen in der Küche oder für die Balkon- und Gartenpflanzen. Sie wohnen in der Stadt? Kein Problem: Gefäße zum Herstellen von organischem Dünger gibt es in jedem Gartencenter zu kaufen. Etwas schwieriger ist das Entsorgen anorganischer Abfälle – Plastik und ähnliche Materialien sind mittlerweile zu einem echten Problem geworden.

Da lautet die Devise: Abfall nach Möglichkeit vermeiden! Je weniger Verpackungsmüll wir anhäufen, desto weniger belasten wir die Umwelt mit seiner Entsorgung. Abfallvermeidung fängt schon beim Einkauf an: Wählen Sie im Supermarkt Produkte mit möglichst wenig Verpackung und diese aus recycelbarem Material. Kaufen Sie unverpacktes Obst und Gemüse. Und nehmen Sie von zu Hause Einkaufstaschen aus Stoff mit, die sind umweltfreundlicher als Plastiktüten, die man oft nur einmal verwendet. Inzwischen bieten außerdem immer mehr Händler Reis, Getreide und Mehl, aber auch Reiniger und Waschmittel lose und unverpackt an. Übrigens lässt sich auch beim Trinkwasser wunderbar Müll einsparen, denn unser Trinkwasser aus dem Wasserhahn unterliegt strengsten Kontrollen. Wozu also Flaschen schleppen und den Plastikmüll mehren? Oder erkundigen Sie sich, ob es in Ihrer Nähe Lebensmittel direkt vom Erzeuger gibt. Dort können Sie sich die frische Milch oft direkt in mitgebrachte Flaschen abfüllen lassen. So tun Sie auch gleichzeitig etwas für Ihre Klimabilanz. Immer häufiger gibt es inzwischen auch wiederverwendbare Verpackungen, aber lassen Sie es nicht zur Obsession werden. In der Küche meiner Freundin Laura stehen mehr leere Joghurtbecher als Teller: »Sie sind zu schade zum Wegwerfen, für irgendetwas kann man sie bestimmt noch gebrauchen.« Glauben Sie mir, da Sie vermutlich immer wieder Joghurt nachkaufen werden, sind zwei Becher mehr als genug. Und ganz im Ernst: Was soll man mit Stapeln von Eierkartons, Plastikschalen, Dosen und Marmeladengläsern, die keine Deckel mehr haben?

Aber kommen wir zum praktischen Teil in

Sachen Müllverwahrung. Welcher Abfall gehört wohin? Ganz einfach: Biologische Abfälle sollten nach meinem Ordnungssystem zwischen den Segmenten Erde und Wasser aufbewahrt werden, also in der Nähe der Spüle. Plastik und Glas können Sie auch außerhalb der Küche wie zum Beispiel auf dem Balkon, im Hof oder in einer Abstellkammer sammeln. Beim Kochen brauchen Sie ohnehin nur den Eimer mit dem Biomüll in unmittelbarer Reichweite, den Sie allerdings wegen der unschönen Gerüche anschließend wieder gut verstauen sollten.

In neueren Küchen finden sich unter der Spüle meist herausziehbare Mülltrennsysteme mit den verschiedenen Eimern für die verschiedenen Abfallarten. Achten Sie darauf, dass die Behälter immer eindeutig zuzuordnen sind (entweder durch verschiedene Farben oder durch eine gut sichtbare Beschriftung), damit alle Mitbewohner, auch die Kinder, ihre Abfälle in den richtigen Eimer entsorgen. Eine Beschriftung der Eimer macht es auch für Gäste leichter, und sie müssen nicht immer wieder fragen, was in welchen Eimer gehört.

Am besten sind Abfalleimer, wie schon gesagt, unter der Spüle aufgehoben, aber wenn der Platz dort nicht ausreicht, finden Sie auch in jedem Bodenschrank Platz. Gerade Eckschränke, die meist sehr tief sind (weshalb man in ihnen selten etwas findet), eignen sich hervorragend für den ein oder anderen Abfallbehälter.

Feuer

Ohne Feuer keine Küche, keine Küche ohne Feuer. Ohne das Feuer wäre zu Urzeiten kein Leben entstanden. Das Element Feuer steht für Dynamik, das Männliche und ist der Gegenpol zum Element Wasser. Wenn man die Zeichen für Feuer (ein auf seiner Basis stehendes Dreieck) und Wasser (ein auf einer Spitze stehendes Dreieck) übereinanderlegt, erhält man einen sechseckigen Stern, Symbol der Einheit von Energie und Materie, dem Ursprung von Harmonie.

Wir haben noch gar nicht darüber gesprochen, was als Grundausstattung in eine Küche gehört. Also, Sie benötigen: eine Arbeitsplatte (oder einen Tisch), und zwar so groß wie möglich; einen Herd mit fünf Flammen/oder Platten, Backofen, Kühlschrank, Gefrierschrank,

Dunstabzugshaube, Doppelspüle, Geschirrspül-maschine (natürlich kein Muss, aber sie ist sehr nützlich), ein paar Schränke. Für mich gehört auch mindestens ein Fenster zur Grundausstattung, aber leider kann man sich das nicht immer aussuchen. Ich habe eine Menge Küchen gesehen, vor allem in kleinen Restaurants oder Bistros, in die kein Sonnenstrahl fiel, vom mangelnden Luftaustausch ganz zu schweigen.

Aus den heutigen Küchen ist das Feuer in seiner ursprünglichen Form – als Flamme – nahezu verschwunden. Ich persönlich liebe Gasherde (in meinem Häuschen in Ligurien habe ich einen stehen), aber sie werden mehr und mehr von Induktionskochfeldern verdrängt, die viel leichter zu reinigen sind und – das muss ich zugeben – auch wesentlich sicherer.

Im oder um das Segment Feuer befinden sich alle Zutaten, die man beim Kochen gerne in Griffnähe hat – Salz (eventuell verschiedene Sorten), Öl (auch hier möglichst verschiedene Sorten), Pfeffer (ebenfalls verschiedene Sorten, aber das hängt ganz von Ihrem Geschmack ab).

All diese Zutaten können Sie entweder in einem Schrank unterbringen oder − in sauberen Gefäßen − gut sichtbar auf einem Regal. Aber denken Sie dabei immer an meine Grundregeln: Ordnen Sie alles nach seiner Zugehörigkeit und stellen Sie Schrank und Regal nicht zu voll. Die Behältnisse für Salz und Pfeffer sollten sich nur durch die Etiketten voneinander unterscheiden. Öl können Sie in der ursprünglichen Flasche belassen, aber ordnen Sie verschiedene Ölsorten auf einem Tablett oder in einem Körbchen an. Auch Gewürze sollten sich in der direkten Umgebung des Herds befinden, schließlich braucht man sie genau hier − etwa wenn Ihnen beim Abschmecken auffällt, dass vielleicht doch noch eine Prise Curry oder Kreuzkümmel fehlt.

Töpfe und Co.

Der Topf ist dem Küchenchaoten was die Schuhe dem Modebesessenen sind: Jede Gelegenheit ist recht, um einen neuen zu kaufen.

Carla tischt ihrem Lebensgefährten eigentlich immer nur Spaghetti und Steaks auf, aber sie ist stolze Besitzerin einer ganzen Sammlung unterschiedlichster Töpfe und Pfannen, als da wären: eine Crêpes-Pfanne, ein kleiner Kupfertopf, in dem sich perfektes Karamell zaubern lässt, ein dreistöckiger Dampfkochtopf, ein mittelgroßer Fischkochtopf, ein Spargeltopf aus Silber, ein Spaghettitopf für zwölf Portionen, abgenutzte Antihaftpfannen in verschiedenen Größen, eine Sammlung alter Töpfe und Pfannen der verstorbenen Tante, eine Lochpfanne, mehrere Tiegel zum Schokoladeschmelzen, eine Pfanne für Raclette, eine andere für Bœuf Bourguignon, eine Himalaya-Salz-Platte für Fleisch und Gemüse, ein Pfännchen für ein Spiegelei und viele andere Gerätschaften, an die ich mich beim besten Willen nicht mehr erinnern kann. »Unglaublich, wie viel Platz ich jetzt habe, seit ich einen Großteil meiner Töpfe verschenkt habe«, lautet Carlas Kommentar, nachdem sie ihre Küche ausgemistet hat. Viele von uns neigen dazu, Töpfe aufzuheben, die ihre besten Zeiten längst hinter sich haben, oder nagelneue Spezialtöpfe, mit denen wir gar nichts anzufangen wissen.

Ich persönlich liebe Pfannen aus Eisen, die man einbrennen muss und die man irgendwann weitervererben kann, weil sie nahezu unverwüstlich sind. Wenn ich nur daran denke, wie viele Antihaftpfannen ich schon verschlissen habe – bei dem Geld hätte ich mir locker schon früher hochwertige schwere Pfannen leisten können. Und zwar richtig teure, aus Silber oder Kupfer.

Eine Eisenpfanne muss man sich zu eigen machen, sprich: einbrennen. Dazu wird die Pfanne vor dem ersten Benutzen eingefettet und bei 170 Grad für zwei Stunden in den Ofen gestellt; alternativ können Sie Kartoffelschalen darin rösten, bis sie schwarz sind. Danach können Sie in Ihrer Pfanne wunderbare Spiegeleier braten, die so geschmeidig aus der Pfanne auf den Teller gleiten wie von einer Rutsche. Habe ich Sie überzeugt? Falls nicht, lassen Sie mich noch hinzufügen, dass Eisen die sogenannte Maillard-Reaktion fördert, die bei rotem Fleisch, Fisch und vielen Gemüsesorten für die leckere braune Kruste sorgt. Im Idealfall, wenn Sie gern und oft kochen, besitzen Sie gleich drei Eisenpfannen: eine für Fleisch, eine für Gemüse und eine für Fisch. Dann brauchen Sie sie nicht mit Wasser zu spülen (Eisenpfannen mögen kein Wasser), sondern lediglich mit grobem Salz abzureiben – schon sind sie wie neu. Von Zeit zu Zeit sollten Sie Eisenpfannen allerdings nachfetten. Dazu einfach etwas Öl in die Pfanne geben und so lange erhitzen, bis es nicht mehr raucht.

Ich werde oft gefragt, welche Töpfe ich empfehlen würde. Generell gilt, dass Sie für die unterschiedlichen Garmethoden unterschiedliche Töpfe benötigen. Edelstahl zum Beispiel ist zum Kochen gut geeignet, aber nicht zum Braten, denn da klebt alles fest. Zum Frittieren wiederum eignet sich eher ein Eisentopf. Antihaftpfannen oder -töpfe sind prima, wenn es mal schnell gehen muss (zum Beispiel, um mal schnell etwas kross anzubraten), nicht aber zum Verfeinern. Dagegen ist es eine Qual, Risotto in einem Edelstahltopf zuzubereiten (das geht hervorragend in einem Kupfertopf), ebenso wie Spaghetti in einer Edelstahlpfanne mit anderen Zutaten zu verrühren – da pappt sofort alles fest.

Im Aluminiumtopf dagegen lassen sich verschiedene Zutaten bequem vermischen. Aluminium eignet sich auch für den Backofen, in dem aber auch schwere, beschichtete Pfannen mit einem drei bis fünf Millimeter dicken Boden ausgezeichnet sind. Ich benutze gerne Tontöpfe, vor allem für Soßen, während Koch Claudio Sadler, der mir geholfen hat, aus meiner Begeisterung fürs Kochen einen Beruf zu machen, auf Kupfertöpfe schwört, die zwar teuer sind, aber dafür unverwüstlich. Die Lieblingstöpfe von Filippo La Mantia, einem Freund und Koch aus Palermo, sind aus Silber.

Überlegen Sie sich gut, was Sie an Töpfen und Pfannen wirklich brauchen, und sortieren Sie alles Überflüssige aus.

In den Müll gehören: alle Töpfe und Pfannen mit beschädigter Antihaftbeschichtung, alle Töpfe und Pfannen mit lockeren oder nicht hitzebeständigen Griffen oder deren Boden nicht mehr richtig auf der Kochplatte aufliegt. Kochgeschirr mit Antihaftbeschichtung können Sie gerne verwenden, aber entscheiden Sie sich hier für schweres Geschirr mit Keramikbeschichtung.

Was Teflon-Pfannen angeht, habe ich meine Bedenken: Wo landen eigentlich die Teflon-Teilchen, die sich lösen?

Fassen wir noch einmal zusammen:

- Pfannenböden sollten stets gut auf der Kochoberfläche aufliegen.
- Wenn Topf oder Pfanne beschädigt sind: entsorgen.
- Griffe sollten immer festsitzen, ansonsten: Topf oder Pfanne entsorgen.
- Deckel und Topf/Pfanne sollten die gleichen Maße haben, ansonsten: entsorgen.
- Griffe aus Plastik oder Holz werden nicht unangenehm heiß, vertragen aber keine Ofenhitze. Wählen Sie Töpfe und Pfannen, die Sie auch in den Backofen stellen können.
- Töpfe/Pfannen mit Holzgriffen haben in der Spülmaschine nichts zu suchen.
- Herstelleranweisungen für den Gebrauch/ die Säuberung von Töpfen und Pfannen sind mitunter hilfreich.

Entsorgen Sie alle Töpfe/Pfannen, die Sie seit einem Jahr nicht mehr benutzt haben. Die goldene Regel: Behalten Sie einen Spezialtopf nur, wenn Sie ihn mindestens einmal pro Woche im Einsatz haben – ansonsten: entsorgen.

Nach dem Aussortieren und Entsorgen sollten in einer Durchschnittsküche nicht mehr als fünf oder sechs Töpfe und Pfannen stehen. Um ganz sicherzugehen, habe ich Eugenio Medagliani konsultiert, seit fast sechzig Jahren ein Guru in allen Fragen rund um Küchenzubehör. Hier also die ultimative Liste:

- eine nicht zu hohe Pfanne mit ein oder zwei Griffen und Deckel zur Zubereitung von Soßen, Fleisch und geschmortem Gemüse; falls aus Kupfer – umso besser, dann ist sie hervorragend für Risotto geeignet;
- eine niedrige Pfanne aus Eisen oder mit Antihaftbeschichtung mit einem etwa sechsundzwanzig Zentimeter langen Griff, ideal für Kurzgebratenes, zum Frittieren und Braten;
- eine gusseiserne Kasserolle, die tiefer sein sollte als die Pfanne und einen langen Griff

haben sollte; für Braten, Fleisch und Gemüse; eignet sich auch zum Nachgaren von Huhn oder Braten – und sogar für Polenta;

- ein runder Topf mit zwei Griffen und einem Fassungsvermögen von fünf Litern Wasser, für Spaghetti und andere Pasta, für Suppen aller Art;
- ein kleiner Topf für Tee, Soßen und zum Aufwärmen von Flüssigkeiten für maximal zwei Personen;
- eine rechteckige Auflaufform (kann auch aus hitzebeständigem Glas sein).

So weit die Grundausstattung. Ich habe keine weiteren Backgerätschaften hinzugefügt, da die meisten Herde mit Backblechen ausgestattet sind, die, mit Backpapier ausgelegt, vielseitig verwendbar sind. Für Gemüsekuchen oder Pizza lassen sich ohne Weiteres Pfanne oder Kasserolle verwenden, überprüfen Sie nur vorher, ob die Griffe hitzebeständig sind.

Kommen wir nun zu einem weiteren, essenziellen Bestandteil einer Grundausstattung: den Messern. Die Messer sind für uns so elementar wie das Seziermesser für den Chirurgen. Bei den Messern genügen uns fünf. Die allerdings sind unentbehrlich. Und auch hier sollten Sie, wie bei den Töpfen, nicht am falschen Ende sparen: Töpfe, Pfannen und Messer sind eine Investition wert und können irgendwann wie jedes gute Stück weitervererbt werden. Und hier kommt die Liste:

1. ein Schälmesser, sechs bis dreizehn Zentimeter lang; auch mit gebogener Klinge erhältlich; es eignet sich zum Schälen, Schneiden, Spicken und Garnieren; ein absolutes Muss; kann auch zum Ausbeinen von Fleisch oder Geflügel benutzt werden, weil es gut durch das Fleisch dringt, ohne es zu zerfasern; ausgezeichnet für alle Arbeiten, die Präzision erfordern;
2. ein Filetmesser mit langer dünner Klinge für das Filettieren von Fleisch und Fisch;
3. ein Vielzweckmesser mit einer zwanzig bis dreißig Zentimeter langen Klinge, zum Kräuterhäckseln, Gemüseschneiden, zum Zerteilen von Fleisch und Fisch; Puristen

besitzen eins für rohe und eins für gegarte Speisen, um die Übertragung von Bakterien zu vermeiden; es kann: häckseln, schneiden, würfeln, zerkleinern;

4. ein Santoku-Messer von circa zwanzig Zentimetern Länge; perfekt für Gemüse;

5. ein Messer mit Sägeschliff von mindestens achtzehn Zentimetern Länge; ideal für Tomaten oder anderes Gemüse mit glatter Oberfläche; mit längerer Klinge auch für Brot und harte Krusten geeignet.

So weit die Grundausstattung Ihrer Küche. Alles, was darüber hinausgeht – ein wenig Spielraum ist immer erlaubt –, sollten Sie entweder direkt entsorgen oder einem Test unterziehen: Legen Sie den fraglichen Gegenstand in eine Kiste und stellen Sie diese in den Keller. Wenn Sie den Gegenstand nach einem Monat im Keller vergessen haben, brauchen Sie ihn in dieser Lebensphase wohl nicht mehr – und können ihn getrost entsorgen. Und nun kommen wir auch schon zu unserem letzten Kapitel: zum Thema Reinigung und Verhaltensprägung.

Die Lust, sich von allem zu befreien, was man nicht mehr braucht

Ordnung in der Küche bedeutet nicht, dass die Küche komplett leer aussehen muss. Nach meiner Auffassung von Ordnung dürfen sich dort durchaus auch Dinge befinden, die eigentlich keine Funktion haben, aber an denen unser Herz hängt und von denen wir uns nicht trennen mögen. Ich denke da zum Beispiel an eine schöne Keramikschale, an ein gerahmtes Foto von einem Familienpicknick, an eine von Kinderhand dekorierte Flasche, an eine Obstschale aus Tannenholz, an eine rechteckige Dose mit allerlei Krimskrams.

Aber Achtung: Erzfeinde einer jeden Küche (und eines jeden Zuhauses) sind die Hochzeitsgeschenke von Verwandten und andere Mitbringsel wie Bonbondosen und Ähnliches, die wir nicht wegzuwerfen wagen, weil wir peinliche Situationen bei unangekündigtem Besuch der edlen Spender fürchten. Mein Rat: Überwinden Sie diese Angst.

Bei allen anderen Dingen gilt: Sie sollten in Ihre Küche passen, und Sie sollten sich darüber im Klaren sein, ob ein bestimmter Gegenstand eine Funktion hat oder einfach der Dekoration dient. Ist eine fantasievolle Sammlung von Magneten an der Kühlschranktür ein Zeichen für Unordnung? Ich finde nicht. Prinzipiell kann alles eine Küche gemütlicher gestalten, sogar die berüchtigten Knoblauchzöpfe, die in einer Küche im Landhausstil durchaus ihre Berechtigung haben. Wichtig ist nur, dass sich ein Gegenstand harmonisch in die Umgebung einfügt. Manchmal passt irgendein Nippes haargenau zum Stil der Umgebung. Oder eine Kaffeemaschine, eine Küchen- oder Aufschnittmaschine sind in Farbton und Design wahre Hingucker.

Vergessen Sie aber nicht, dass ein wenig Zurückhaltung Ihrer Küche guttut. Nach dem Aufräumen sollten dort nicht mehr als drei bis sechs

Dinge herumstehen. Nehmen Sie diese Zahl nicht zu dogmatisch: Natürlich kommt es auch darauf an, wie viel Platz Sie zur Verfügung haben. Bedenken Sie aber immer, dass weniger oft mehr ist.

Was eignet sich nun als »Deko-Objekt«? Das können formschöne Küchengeräte sein, wie die bereits erwähnte Aufschnittmaschine oder Kaffeemaschine, oder ein Flaschenhalter. Oder vielleicht ein natürliches Element wie eine Topfpflanze, eine Vase mit Blumen oder eine Obstschale mit Früchten der Saison. Dazu alle Arten von Dosen oder Schalen in variabler Anzahl.

Zurück zu den unerwünschten Staubfängern. Abgesehen vom Nippes tummeln sich in vielen Küchen meist noch andere nutzlose Objekte: Mixgeräte, von denen der Deckel fehlt, Brotmaschinen, Trüffelhobel, Sammeltassen, Puddingförmchen, Flaschenstopfen aus vergammeltem Kunststoff, Glasschalen mit beschädigtem Rand, Häkeluntersetzer, angekohlte Topfuntersetzer, elektrische Spaghettigabeln, Pizzarädchen, Ravioliförmchen, ein Pop-Art-Toaster, eine Plastikspritztülle für Soßen, ein Fleischthermometer (durchaus nützlich, aber eins genügt völlig). Also: Höchste Zeit zum Entrümpeln und Entsorgen.

Allerdings bereitet es den meisten Menschen ziemliche Bauchschmerzen, Dinge wegzuwerfen. Dabei ist es so ungemein nützlich, denn Wegwerfen bedeutet, Raum zu schaffen und der Realität ins Gesicht zu sehen. Wenn man in seiner Lebensumgebung entrümpelt und aufräumt, wenn man sich von allem befreit, das man nicht mehr braucht, sorgt man nicht nur für materielle, sondern auch für geistige Entlastung. Wir befreien uns von all dem Zeug, mit dem wir unser Leben vollstopfen und das natürlich auch unsere Seele und Gedanken belastet. Ich bin weitaus weniger radikal als Marie Kondo und lasse in meiner Küche durchaus Spielraum für ein wenig »mediterrane« Unordnung. Schließlich ist die Küche ja, wie schon mehrfach erwähnt, ein Hort der Gefühle und Erinnerungen. Aber für Ordnung und Harmonie zu sorgen, schafft Freude und bringt unseren Geist, unsere Seele und unser Handeln in Einklang.

Das »decluttering«, zu Deutsch »Entrümpeln«, ist zu einem Modethema geworden, die Literatur dazu füllt ganze Regale, vor allem in den USA. Hier finden sich die unterschiedlichsten Ansätze: Mal rät ein Autor dazu, jeden Tag einen Gegenstand wegzuwerfen oder jede Woche einen Müllsack zu füllen. Ein anderer propagiert die 12-12-12-Regel, heißt: Sie sollen jeden Monat zwölf Dinge entsorgen, zwölf verschenken und zwölf ihren ursprünglichen Besitzern zurückgeben.

Dann wäre da die Methode mit den vier Kisten, in denen man Gegenstände nach den folgenden Kategorien unterbringt: Kiste Nummer eins: alles, was man aufbewahren will; Kiste Nummer zwei: Artikel für den nächsten Flohmarkt; Kiste Nummer drei: alles für den Tauschhandel oder zum Weiterverschenken; Kiste Nummer 4: recycelbare Verpackungen, die in die Mülltrennung wandern. Überlegen Sie sich also, was Sie nach dem Entrümpeln mit all Ihren Sachen anfangen wollen – was kann verschenkt, getauscht oder verkauft werden?

Wichtig ist, dass Sie alles, was zum Wegwerfen bestimmt ist, so schnell wie möglich aus dem Haus bringen. Das sollte schon im Vorfeld organisiert werden: Ist das Auto startklar, um zur Müllsammelstelle zu fahren? Wann ist der nächste Sperrmülltermin? Ist der Termin mit der Freundin, die für uns netterweise einen Sack Kleidung zur Caritas bringt, schon vereinbart? Haben wir alles für den Flohmarkt/die Wohltätigkeitsveranstaltung organisiert? Also: Nichts wie raus aus dem Haus mit dem Zeug, und schieben Sie bloß nichts auf die lange Bank – sonst haben Sie am Ende die Sachen nur von einer Ecke in die andere geräumt.

Die Ein-Monats-Regel oder die Letzte-Chance-Kiste

Zurück zur Küche. Wenn der passende Deckel für ein Behältnis verloren gegangen ist, warten Sie einen Monat ab. Ist er dann noch nicht wieder aufgetaucht, sollten Sie das Behältnis wegwerfen – es sei denn, Sie haben eine andere sinnvolle Verwendung dafür. Der Deckel ist hier als Beispiel zu verstehen, aber er ist ein sehr anschauliches Beispiel, denn gerade Deckel lösen sich gerne in Luft auf. Giovanna hat meinen Rat umgesetzt: »Mir war gar nicht klar, wie viele deckellose Plastikbehälter bei mir herumschwirrten. Ich hatte den ganzen Schrank voll, aber ohne Deckel waren sie eigentlich zu nichts mehr zu gebrauchen. Jetzt habe ich nur noch die mit passendem Deckel aufgehoben und auf einen Schlag viel mehr Platz.«

Seit Essen und Ernährung in unseren Breiten zu echten Modethemen avanciert sind, hat sich unser Kaufverhalten bei Küchenutensilien enorm verändert – mit dem Nachteil, dass sich nun in praktisch jeder Küche eine Menge unnützes Zeug findet. Einschlägige Sendungen, Fernsehserien, Magazine und Blogs zum Thema Ernährung überfluten uns mit Informationen und wecken Bedürfnisse. Kein Wunder, dass wir beim Anblick von Küchenzubehör und Co. der Versuchung oft kaum widerstehen können. Inzwischen mache ich einen großen Bogen um Küchenfachgeschäfte – und das nicht etwa, weil ich ein leichtes Opfer für Fernsehwerbung bin (den Fernseher schalte ich nur selten ein), sondern weil ich ungeheuren Spaß am Ausprobieren habe. Soll ich nicht doch diese neuen Keksförmchen ausprobieren? Ein tragbarer Schockgefrierer wäre auch nicht schlecht. Es ist eine fürchterliche Marotte: Immer, wenn ich etwas Neues sehe, möchte ich es ausprobieren. Aber ich kann und will meine Küche nicht wieder vollstellen, jetzt, da ich endlich meine Kauf- und Sammelsucht besiegt habe. Wenn ich in ein Küchenfachgeschäft komme, fühle ich mich manchmal wie ein Alkoholiker beim Betreten einer Bar. Mir bleibt also nur eins: hart bleiben!

Es ist ja nicht so, als müssten wir uns nur mit den Neuerwerbungen auseinandersetzen, die wir selbst zu verantworten haben. Dazu kommen ja auch noch Geschenke und Erbstücke. Immer wieder bekomme ich von Klienten, die gerade dabei sind, meine Ordnungsmethode umzusetzen, oder die sie bereits umgesetzt haben, Zuschriften wie diese: »Meine Mutter kann es nicht lassen, mir Küchenutensilien und Tischdecken zu schenken. Dabei bereite ich mir höchstens mal ein ganz einfaches Gericht zu.« Weil es den meisten von uns schwerfällt, überflüssiges Küchenzubehör zu entsorgen, bin ich auf die Idee meiner »Letzte-Chance«-Methode gekommen.

Die »Letzte-Chance«-Methode sieht vor, dass wir das unnütze Utensil in eine Kiste zu anderen Gegenständen legen, die wir entsorgen wollen. Wenn wir innerhalb eines Monats keinen Gedanken mehr daran verschwenden, können wir den Gegenstand ruhigen Gewissens wegwerfen/verschenken/zum Recyceln geben, denn ganz offensichtlich benötigen wir ihn nicht.

Jetzt müssen wir nur noch Personen finden, die wir mit dem, was wir nicht mehr brauchen, beglücken können. Hier zahlt sich Ehrlichkeit aus, etwa: »Ich bin gerade dabei, meine Küche neu zu organisieren – diese Saftpresse brauche ich nicht mehr, vielleicht hast du Verwendung dafür?«

Sie haben es geschafft und Ihre Küche neu organisiert? Glückwunsch! Damit die Ordnung in der Küche von Dauer ist, halten Sie sich an die folgenden beiden Regeln:

Regel Nummer eins: Die Sieben-Minuten-Regel:

Nehmen Sie sich täglich sieben Minuten Zeit, um in den vier Segmenten Ihrer Küche für Ordnung zu sorgen, auch an den Tagen, an denen Sie nicht kochen. Das ist das Minimum an Zeit, das Sie benötigen, um nach dem Frühstück aufzuräumen. Ich habe es ausprobiert. Bitten Sie Ihre Mitbewohner, schmutziges Geschirr tagsüber in die Spüle zu stellen, wenn sie keine Zeit haben, es kurz abzuwaschen und wegzuräumen.

Regel Nummer zwei: Sauberkeit:

Mit Ihrem Wunderreiniger aus eigener Herstellung sorgen Sie jeden Tag im Handumdrehen für Sauberkeit. Planen Sie darüber hinaus alle vier, fünf Monate einen Großputz ein – mischen Sie dem Reiniger dazu Ihre Lieblingsduftessenz bei. Und, ganz wichtig: Das ist *Ihr* Ritual, auch wenn Sie beim Hausputz in der Regel Unterstützung haben.

Dritter Schritt:
Feiern, Freude, Harmonie

Geheimtipps von Küchenchefs

Küchenchefs, vor allem Sterneköche, agieren bekanntlich in Traumküchen. Wer also könnte besser geeignet sein, uns mit Ratschlägen für unsere Küche zu versorgen, als jemand, der sein halbes Leben in einer Küche verbringt?

Von Claudio Sadler, meinem Lehrmeister in der Küche, habe ich Konsequenz und Sauberkeit gelernt. Er war einer der Ersten, die in Mailand Kurse anboten, und ich war fasziniert vom perfekten Arbeitsrhythmus seiner Hände: Wenn er eine Zange benutzte, legte er sie anschließend sofort in die Spüle, wo sie auf der Stelle jemand abwusch. Er benutzte Öl und stellte die Flasche sofort an ihren Platz zurück, er griff nach einem Gefäß mit einer geheimen Kräutermischung und stellte es nach Gebrauch sofort wieder ins Regal zurück. Er schnitt, klopfte, mischte Zutaten, und einen Augenblick später war seine Arbeitsfläche wieder leer. Sein Rhythmus folgte dem Schema Arbeiten – Säubern und Gebrauch eines Utensils – Abspülen. Für Sie klingt das banal? Mag sein. Aber ich kann Ihnen versichern, dass ich in meinem Leben schon mit vielen Menschen gekocht habe und dass nur wenige von ihnen die Dinge nach Gebrauch an ihren Platz zurückstellen. Und dass noch weniger nach jeder Benutzung kurz die Arbeitsfläche wischen.

Küchenchefs haben immer einen Lappen zur Hand – wie sie das machen, ist mir ein Rätsel, es grenzt an Zauberei. Aber dass es ein wunderbarer Trick ist, beim Kochen immer gleich mit mehreren sauberen Lappen zu hantieren, um hinterher nicht im Chaos zu versinken, so viel habe ich begriffen.

Hier ein paar weitere Tricks: Hängen Sie Schürzen nicht zu weit vom Herd auf; und halten Sie immer zwei Küchentücher parat – eins für die Hände, ein anderes für Geschirr und Zubehör. Dass Hygiene in der Küche das A und O ist, versteht sich von selbst. Denn Hand aufs

Herz: Was halten Sie von einem Koch, der Sie in verdreckter Montur begrüßt? Den folgenden Trick setzen Sie vielleicht bereits um: Bevor Sie mit dem Kochen beginnen, sollten alle Zutaten bereitliegen. Das habe ich gelernt, als ich in meiner Heimatstadt Kurse abgehalten habe. Wenn man nach diesem Prinzip verfährt, merkt man sofort, ob etwas fehlt, und spart hinterher kostbare (Putz-)Zeit – verklebte Griffe an Schränken und Kühlschrank, weil man doch noch ein Ei oder die Flasche mit Öl oder Salz und Pfeffer braucht, gehören der Vergangenheit an. Und Sie riskieren auch nicht, dass ein Rezept misslingt, weil eine Zutat fehlt.

Als ich mit Chefkoch Carlo Alberto Vailati im Restaurant *Ridottino* in der norditalienischen Stadt Crema Kurse abhielt, habe ich einen Kniff gelernt, der beim Putzen eine Menge Zeit spart. Er ist eine Riesenhilfe für alle, die mit einem Gasherd kochen, und er hat sich vor allem beim Kochen von Soßen und beim Frittieren und Schmoren bewährt: Kleiden Sie einfach das Kochfeld mit Alufolie aus, und zwar bis dicht an den Rand der Flammen. Anschließend müssen

Sie nur noch die Folie entfernen und kurz mit einem Lappen nachwischen – schon ist alles wieder sauber.

Kommen wir zum Trick Farbcodierung. Küchenchefs benutzen Schneidebretter in verschiedenen Farben. Legen auch Sie drei Farben fest, für alle Küchenutensilien, die mit den drei Lebensmittelkategorien Fleisch, Fisch und Gemüse in Berührung kommen. Das ist simpel und hygienisch. Und da wir gerade bei Kategorien sind: Ich beneide Küchenchefs um ihre zwei Kühlschränke – einen für Fisch und einen für Fleisch. Chefs müssen übrigens rohe Lebensmittel und Gekochtes getrennt lagern. Wir können dieses System in bescheidenem Rahmen kopieren, indem wir für rohe und gekochte oder vorgekochte Lebensmittel jeweils gesonderte (möglichst geruchsresistente) Behälter verwenden.

Und lassen wir uns auch beim Thema Vakuumverpackung von Küchenchefs inspirieren. Entsprechende Maschinen für den Hausgebrauch sind mittlerweile günstig zu haben und tragen nicht nur zur Kühlschrankhygiene bei, sondern verlängern auch die Haltbarkeit von Lebensmitteln.

Zu guter Letzt sollten Sie sich auch mit den ergonomischen Anforderungen Ihrer Küche auseinandersetzen. Küchenchef Andrea Berton, ein guter Freund von mir, hat sich, als er die Küche seines neuen Restaurants einrichtete, alle Arbeitsflächen erhöhen lassen. »Bis vor ein paar Jahren hatten alle Kücheneinrichtungen Standardhöhe, und wenn man wie ich fast zwei Meter groß ist, musste man den ganzen Tag lang leicht gebückt arbeiten. Ich habe alle meine Arbeitsflächen zehn Zentimeter erhöhen lassen, damit mein Team und ich nicht irgendwann einen Buckel haben.« Wenn Sie das Glück haben sollten, während der Lektüre dieses Buches Ihre Traumküche einzurichten, denken Sie daran, dass Sie auch bequem arbeiten wollen.

Das Auge isst mit:
Ordnung auf dem Teller

Ein schöner Teller allein macht zwar nicht satt, aber wir wissen ja: Das Auge isst mit. Bringen wir also nicht nur Ordnung in die Küche, sondern auch auf den Teller. Wenn man nicht gerade in Sternerestaurants speisen möchte, wo immer großer Wert auf eine ästhetische und auch originelle Präsentation von Speisen gelegt wird, bekommt man in einfacheren Speiserestaurants oft Gerichte vorgesetzt, die zwar durchaus schmackhaft sind, aber teilweise unterirdisch angerichtet – wie oft saß ich schon vor einer lieblos auf den Teller geklatschten Pampe, dass sich mir schon beim bloßen Anblick fast der Magen umdrehte. Nun interessiert uns hier ja mehr die private Küche, aber ich kann Ihnen versichern, dass jemand, der eine unaufgeräumte, schmuddelige und in Farbgestaltung und Stil wenig ansprechende Küche sein Eigen nennt, im Zweifelsfall eher nicht in der Lage ist, ein ansprechendes und appetitlich aussehendes Mahl auf den Tisch zu bringen.

Das Präsentieren von Speisen spricht die drei Schlüsselkomponenten an, die laut Nobelpreisträger Daniel Kahneman beim Empfinden von Freude eine Rolle spielen: Erwartung, Erfahrung und Erinnerung. Für viele ist die Präsentation das Sahnehäubchen, ein Extra, das nicht zwingend notwendig ist, aber wie schon gesagt: Das Auge isst mit. Oder wie es Sternekoch Pierre Gagnaire formuliert: »Ich will ein bisschen Poesie in meine Gerichte bringen. Wenn ich eine Speise anrichte, mache ich immer wieder neue Harmonieerfahrungen und finde so zu innerem Frieden.« Diese Prise Poesie kostet uns nicht viel. Und Poesie bedeutet immer auch Harmonie und Ordnung.

Man muss kein Zauberer sein und auch keine Kurse bei Sterneköchen absolvieren, um Essen hübsch angerichtet auf den Tisch zu bringen. Hier sind ein paar Grundregeln:

Erstens: Servieren Sie nicht zwei oder drei unterschiedliche Speisen auf demselben Teller, vermeiden Sie also das in Pizzerien beliebte »Tris di Pasta« (ein Trick, um Teller und Besteck zu sparen) – sonst richten Sie im wahrsten Sinn des Wortes nur Chaos an. Denn: Jede Speise hat ihren eigenen Geschmack – so ein Grundprinzip der Foodexperten. Übrigens geht mir das auch im Eissalon so. Auf die Frage, wie viele und welche Geschmacksrichtungen ich in meine winzige Zweieurowaffel gepresst haben möchte, antworte ich immer: Nur eine, schönen Dank. Servieren Sie kleine Portionen, Nachschlag ist ausdrücklich erwünscht.

Zweitens: Alles, was auf dem Teller liegt, sollte zum Verzehr bestimmt sein. Nicht wie bei so manchem Berufskoch, der sich mit allerlei Schnickschnack in Szene setzen will.

Drittens: Überlegen Sie, was auf den Teller soll. Denn mal ehrlich: Was halten Sie von der müden, geschmacklosen und noch halb gefrorenen Petersilie, die viele Gerichte ziert?

Viertens: Befreien Sie den Tellerrand vor dem Servieren von unschönen Öl- und Soßentropfen. Dafür sollte wirklich immer Zeit sein – sofort sieht jedes Gericht ansprechender aus.

Lassen Sie mich noch ein paar konkrete Beispiele anführen.

Gerichte portionsweise auf den Tisch zu bringen, ist eine kreative und allseits geschätzte Geste. Wenn Ihnen bei einem festlichen Essen keine professionelle Hilfe zur Seite steht, bitten Sie eine Freundin oder einen Freund, Ihnen beim Servieren zu helfen. Zeigen Sie ihm oder ihr an einem Beispiel, wie Sie die Speisen auf dem Teller anrichten möchten.

Falls Sie sich doch dazu entscheiden, unterschiedliche Speisen auf einem einzigen Teller zu servieren, sorgen Sie mit folgender Kombination für Harmonie und Ordnung: Proteine (Fleisch, Fisch oder Hülsenfrüchte), Kohlenhydrate (Kartoffeln, Reis oder Pasta), Vitamine (Gemüse der Saison). Die Mengenverhältnisse zwischen den drei Komponenten sollten ausgewogen sein, farblich allerdings sollten sie sich nach Möglichkeit unterscheiden. So erhalten Sie eine ansprechende Präsentation.

Servieren Sie Spaghetti nicht als wüsten Haufen, sondern rollen Sie sie auf einen Servierlöffel und lassen Sie sie langsam auf den Teller gleiten. Geben Sie dann die Soße oder verfeinernde Zutaten hinzu und richten Sie den Teller hübsch an.

Der etwas aus der Mode geratene Klassiker – Fisch oder Fleisch auf einem Soßenklecks, daneben die Gemüsebeilage – zeigt, dass Sie sich um Ästhetik bemüht haben. Und noch ein Tipp: Gemüse etc. lässt sich mithilfe eines Speiserings (in Fachgeschäften in allen möglichen Formen erhältlich) ansprechend anrichten und sorgt sofort für einen Gourmeteffekt. Wenn Sie Zeit haben oder ein festliches Essen vorbereiten, überlegen Sie, ob und wie Sie derartige Utensilien zum Einsatz bringen können.

Oder ist Ihnen der Shabby-Chic eines Jamie Oliver lieber? Dann vergessen Sie den Speisering und servieren Sie Ihre Gerichte auf rustikalen Keramiktellern oder auf Holzbrettchen und verzichten Sie auf die Tischdecke. Aber Vorsicht mit der gewollten Unordnung: Die Grenze zwischen inszenierter Lässigkeit und Schlampigkeit ist hauchdünn – und ein Teller mit angeschlagenem Rand oder eine verkrustete Backform ist vielleicht »shabby«, aber bestimmt nicht »chic«. Lassen Sie sich von Olivers Ratgebern inspirieren.

Neuester Trend ist es übrigens, Speisen eher horizontal als vertikal anzurichten. Also: das gewürfelte Hauptelement (Fisch oder Fleisch), drumherum die Soße, daneben die Beilagen.

Die japanische Präsentation eines leichten Menüs, *Kaiseki*, gehört zu den ältesten Vorbildern für Ästhetik auf dem Teller. Für Asia-Fans ist sie ein Quell der Inspiration. Das Konzept dahinter natürlich: alles Überflüssige vermeiden. Ein asiatischer Chef wird zudem darauf achten, dass das Geschirr und andere Utensilien mit dem Menü im Einklang sind. Ein Kriterium, das ich sofort unterschreibe: Inhalt und Form sollten einander harmonisch ergänzen. Bezugspunkt ist die Natur, und dementsprechend spielen Jahreszeiten eine wichtige Rolle. Die Präsentation der Speisen ist aber nicht nur in Japan eine hohe Kunst. In Italien ist zum Beispiel Roberta Deiana Ex-

pertin auf diesem Gebiet, Autorin und Food-
stylistin, die Gerichte für Fotoshootings vorbe-
reitet.

Sie rät dazu, sich ein Gericht bildlich vorzu-
stellen (denn für eine Veröffentlichung als Foto
passiert genau das). »Wenn das Hauptelement genau im Zentrum positioniert wird, verliert es an
Kraft, und die gesamte Komposition wirkt sta-
tisch. Teilt man den Raum dagegen horizontal wie vertikal in drei Segmente und platziert
das Hauptelement auf einem der Schnittpunkte,
gewinnt das Bild an Dynamik und Kreativität.
Wenn man also die Symmetrie leicht durchbricht, indem man etwa ein Element ein wenig
außerhalb des Zentrums positioniert, verleiht
man der Kreation einen Hauch von Eleganz.«
Eine einzelne Spaghetti auf einem Keramikteller mit buntem Blumenmotiv ist sicherlich kein
Höhepunkt gestalterischer Raffinesse. Für mich
kommt bei Tellern eigentlich generell nur Weiß
infrage, denn das Geschirr bildet nur den Hintergrund für das farbenfrohe Spiel der Speisen.

Hören wir noch einmal die Expertin: »Wichtig ist auch die Farbgestaltung. Kräftige Farben

heben sich besser vor einem dunklen Hintergrund ab, Weiß kommt auf Schwarz besser zur Geltung und umgekehrt. Wirkt ein Gericht farblich zu eintönig, kann man mit Farben, Kräutern, grob gemahlenem Pfeffer oder rotem Paprika Highlights setzen. Im Gegensatz zur Kleidung, bei der Ton in Ton für Eleganz sorgt, zählen bei Speisen starke Farbkontraste, sonst macht eine Komposition schnell einen langweiligen und faden Eindruck.« Natürlich ist die Ästhetik auf dem Teller Moden unterworfen, und so ist einem Kochbuch sofort sein Alter anzusehen. Aber das soll uns nicht davon abhalten, uns beim Anrichten kreativ auszutoben. Also: Geben Sie Ihren Kochkünsten einen Hauch von Poesie! Oder, um es mit Roberta Deiana zu sagen: »Kochkunst allein genügt nicht: In unserem Metier geht es nicht allein ums Essen, sondern vor allem ums Erzählen.«

Zu guter Letzt:
Eine Küche, die Freude macht

Ich möchte mit diesem Buch keine unumstößlichen Regeln aufstellen, sondern die einzelnen Schritte auf einem gemeinsamen Weg beschreiben. Wir haben unser Ziel erreicht, wenden wir uns also noch einmal um und blicken auf das zurück, was hinter uns liegt. Und rufen wir uns noch einmal einige Grundgedanken der ersten Seiten in Erinnerung.

In der Küche wird nicht nur Essen gekocht, sie ist auch ein Ort der Gefühle und der Veränderung.

»In der Küche haben wir uns zum ersten Mal geküsst.«

»Rate mal, wo ich meinem Mann gesagt habe, dass ich schwanger bin.«

»Wann immer ich an die Küche meiner Jugendzeit zurückdenke, sehe ich meine Mutter darin
sitzen und nähen. In meiner Erinnerung steht sie
nie am Herd, sondern ist immer mit Nadel und
Faden beschäftigt, während ich neben dem Ofen
meine Hausaufgaben mache. Wenn ich heute
davon erzähle, kommen mir jedes Mal fast die
Tränen.«

»Ich habe die Küche gehasst. Immer wenn wir
dort gemeinsam um den Tisch saßen, habe ich
mit meinem Vater gestritten und bin irgendwann türenknallend gegangen. Selbst als ich später als Erwachsene eine eigene Küche hatte, habe
ich mich dort so wenig wie möglich aufgehalten und bin immer nur daran vorbeigeschlichen.
Es ist an der Zeit, mit meiner Küche Frieden zu
schließen.«

»Wir hatten eine Riesenküche, als Kind kam
sie mir vor wie eine große Piazza. Ich bin dort
immer zwischen den Beinen meiner Mutter auf
dem Dreirad herumgekurvt. Ich könnte mein
ganzes Leben in der Küche verbringen.«

»In meiner Kindheit roch der Kühlschrank
immer nach Schimmel. Deshalb machte ich ihn

nicht gerne auf, und als ich im Alter von dreißig mit meiner Schwester darüber gesprochen habe, stellte sich heraus, dass sie noch genau den gleichen Geruch in der Nase hatte.«

»Als ich die siebzig überschritten hatte, hielt ich mich für zu alt und müde, um meine Küche auf Vordermann zu bringen. Doch immer überkam mich dort ein Gefühl der Beklemmung, und erst jetzt fange ich an zu begreifen, dass das gar nichts mit dem Alter zu tun hat, sondern mit dem ganzen Zeug, das ich dort über Jahrzehnte gehortet habe. Ich bekomme buchstäblich keine Luft mehr und muss mich unbedingt davon befreien – ich werde meine Enkel um Unterstützung bitten.«

»In der Küche empfinde ich immer inneren Frieden. Sie ist der einzige Raum, der für mich mit Erinnerungen an meine Geschwister und meinen Großvater verbunden ist, denn nur dort haben wir gemeinsam Zeit verbracht.«

Wir mögen mit der Küche Erfahrungen, Albträume, lieb gewonnene Erinnerungen oder Tabus verbinden, fest steht, dass sich dort das Leben mehr abspielt als in den anderen Räumen unseres Zuhauses.

Der Prozess des Aufräumens hat sich in drei großen Schritten vollzogen:

Motivation und Bewusstwerdung
Reinigung und Verhaltensprägung
Feiern, Freude, Harmonie

Motivation ist nötig, denn man muss eine Veränderung auch wirklich wollen; Bewusstwerdung dagegen ist die Einsicht, dass sich unsere Einstellung zu anderen und zur Nahrung nur verändern kann, wenn wir unsere Beziehung zur Küche verändern.

Reinigung ist der unerlässliche Großputz in unserer Küche, der uns dabei hilft, mit alten Töpfen auch alte Gewohnheiten zu entsorgen; nach dem äußerlichen und inneren Reinemachen finden die Dinge den Platz, den wir ihnen zuweisen – wir prägen unser Verhalten neu. Wenn wir einen Gegenstand bewusst in einem der vier Ordnungssegmente verorten, finden wir ihn ganz automatisch wieder.

»Am Ende feiern wir den Beginn unseres neuen Lebensgefühls in einer Küche, in der auf inividuelle Art Ordnung herrscht, und sind nun bereit für Freude und Harmonie mit der Welt, die uns umgibt.«

... und das Fest der Sinne

Machen Sie sich keine Gedanken, wenn mal für ein oder zwei Tage das Chaos in Ihre Küche zurückkehrt. Sie sind schließlich auch nur ein Mensch. Aber wenn Sie den Prozess des Aufräumens schon einmal Schritt für Schritt und ohne Abkürzungen hinter sich gebracht haben, finden Sie schnell wieder auf den rechten Weg zurück. Er ist nun vorgezeichnet und wartet auf Sie. Zu guter Letzt dürfen Sie sich auf ein schönes Ritual freuen – das Fest der Sinne.

Stehen Sie an einem Morgen vor all den anderen Bewohnern Ihres Hauses oder Ihrer Wohnung auf oder bleiben Sie abends noch ein paar Minuten länger in der Küche, wenn alle anderen schon zu Bett gegangen sind, und lassen Sie die von Ihnen geschaffene Ordnung auf sich wirken.

Lassen Sie Ihren Blick wandern und freuen Sie sich daran, dass jeder Gegenstand seinen Platz auf einem Regal oder in einem Schrank gefunden hat und einige wenige Lieblingsstücke, an denen Ihr Herz hängt, den Raum schmücken; dass alle Oberflächen schön anzusehen sind: Ihre Küche hat sich in eine wahre Augenweide verwandelt.

Atmen Sie tief ein und freuen Sie sich an dem Duft Ihrer Lieblingsessenz von Ihrer Putzaktion oder dem Duft eines frisch zubereiteten Mahls oder des Thymiantöpfchens auf der Fensterbank. Erfreuen Sie sich an den Gerüchen in Ihrer Küche.

Genießen Sie das leise Spiel des Vorhangs im Luftzug, das Ticken einer Uhr oder das sanfte Brummen des Kühlschranks. Lauschen Sie den Geräuschen beim Kochen und Backen.

Fahren Sie mit den Fingern über die Oberflächen in Ihrer Küche und genießen Sie die Beschaffenheit der verschiedenen Materialien. So kommt auch Ihr Tastsinn auf seine Kosten.

Das Ritual ist vollzogen, und Sie können es jederzeit wiederholen und sich voller Zufriedenheit sagen: »Wie wohl ich mich in diesem Raum fühle.«

Sie sind sich stets bewusst, dass Ihre Küche nicht perfekt ist und sie allein Ihrer Vorstellung von Ordnung entspricht. Jemand anderes mag Einwände erheben und Ihre Zufriedenheit nicht nachvollziehen können. Dann erzählen Sie ihm diese berühmte Anekdote aus dem Zenbuddhismus:

Drei Mönche sehen dabei zu, wie eine Fahne sich im Wind bewegt.
Der erste: Die Fahne bewegt sich. Worauf der zweite erwidert: Der Wind bewegt sich. Darauf der dritte: Ihr irrt beide, euer Verstand bewegt sich.

Ihr sechster Sinn hat Sie an den Punkt geführt, an dem Sie nun stehen: die Gewissheit, dass am Ende des Weges Freude und Genugtuung auf Sie warten. Er ist es, der Ihnen ins Ohr geflüstert hat: *Versuch, etwas zu verändern, in der Küche spielt die Musik des Lebens.* Auf dem Weg hierher haben Sie gelernt, sich von Dingen zu lösen, etwas Zen-Gelassenheit in Ihren Alltag zu lassen und mit ihr eine Lehre, die auch in unserer westlichen Welt Gültigkeit hat: Wir müssen uns von uns selbst entfernen, um zu uns selbst zu finden.